TABLE.

TABLE.

Fin de la Table.

FAUTES A CORRIGER.

Pages.	lignes.	fautes.	corrections.
10	6	qu'il,	qu'elle
15	2	Faisoient	Faisoit
16	16	Pour sur	sur ces deux
46	3	avoit fait	avoit fait de luy
49	12	s'y porta	s'y porterent
133	28	Prouvoit	Prônoit.
141	8	les	ses.
162	2	Avare	Fantasque
282	20	en gout	engoué
192	4	sçavantats	sçavans si
201	7	luy eût	luy avoit
212	15	sa mere elle meme	sa mere même
258	18	que cette quenoüille	qu'elle fut cassée
282	6	demandoit	demanderoit
344	7	malheurs	malheureux
352	14	qui	qu'il
373	22	dons	donc.

ŒUVRES MESLÉES

CONTENANT

L'INNOCENTE TROMPERIE.

L'AVARE PUNY.

LES ENCHANTEMENS de l'Eloquence.

LES AVANTURES DE FINETTE.

NOUVELLES

ET AUTRES OUVRAGES

EN VERS ET EN PROSE,

DE MADELLE L'H***.

AVEC

LE TRIOMPHE DE MADAM

DES-HOULIERES,

Tel qu'il a été composé par Melle L'H***

A PARIS AU PALAIS,

Chez JEAN GUIGNARD, à
l'entrée de la Grand'Salle, à
l'Image saint Jean.

M. DC. LXXXXVI.

AVEC PRIVILEGE DU ROY.

TABLE
DE CE QUI EST CONTENU
dans les Nouvelles de Mademoiselle L'H ***.

Autres Ouvrages en Vers & en Profe.

EXTRAIT DU PRIVILEGE
du Roy.

P A R Privilege du Roy, donné à Versailles le 19. jour de Juin 1695. Signé par le Roy en son Conseil Ducoño. Il est permis à Mademoiselle L'H * * * de faire imprimer par tels Libraires qu'il luy plaira un Livre intitulé, *Marmoisan ou l'Innocente Tromperie, & plusieurs autres Ouvrages en Prose & en Vers de sa composition*, pendant le temps de six années, à compter du jour que ledit Livre aura été achevé d'imprimer pour la premiere fois, avec deffenses à toutes personnes de quelque qualité & condition qu'elles soient, d'imprimer ou faire imprimer ledit Livre ny d'en vendre de contrefaits sous quelque pretexte que ce soit, à peine de confiscation des Exemplaires contrefaits, de trois mille livres d'amende & de tous dépens, dommages & interêts, ainsi qu'il est plus au long porté par lesdites Lettres de Privilege.

Regiftré sur le Livre de la Communauté des Libraires & Imprimeurs de Paris le 18. Aouft 1695. Signé P. A U B O Ü I N, Syndic.

Et ladite Mademoiselle L'H. a cedé au sieur Jean Guignard Libraire tous les droits qu'elle a au present Privilege, suivant l'accord fait entre eux.

Achevé d'imprimer pour la premiere fois à Paris le 8. Octobre 1695.

MARMOISAN,

OV

L'INNOCENTE
TROMPERIE.

NOUVELLE HEROIQUE
& Satirique.

A MADEMOISELLE
PERRAULT.

E me trouvay, il y
a quelques jours,
Mademoiſelle, dans une
compagnie de perſonnes
d'un merite diſtingué, où

A

la conversation tomba sur les
Poëmes, les Contes, & les
Nouvelles.   On s'arresta
beaucoup à raisonner sur cette derniere sorte d'ouvrage :
on en examina de divers
caracteres, en Vers & en
Prose; & l'on y donna une
infinité d'éloges à la charmante nouvelle de Griselidis:
celle où les conseils d'une
sage Fée font naistre mille
incidens où il y a du merveilleux, fut tres-loüée; &
le naïf enjouëment, des Souhaits ridicules y eut aussi
grand nombre de Parti-
sans. On dit ensuite, que
quelque beaux que fussent

ces Ouvrages dans leur genre, c'eſtoit cependant les moindres productions, qui puſſent partir de la main de leur illuſtre Auteur, qui avoit donné tant de marques de ſes grands talens pour la Poëſie & l'Eloquence; & dont tout le monde connoiſſoit les vives lumieres dans les Sciences, & dans tous les beaux Arts:

On fit encore cent réflexions dans leſquelles on s'empreſſa de rendre juſtice au merite de ce ſçavant homme, dont il vous eſt ſi glorieux d'eſtre fille. On parla de la belle éducation,

A ij

qu'il donne à ſes enfans ; on dit qu'ils marquent tous beaucoup d'eſprit, & enfin on tomba ſur les Contes naïfs, qu'un de ſes jeunes Elêves a mis depuis peu ſur le papier avec tant d'a-grément. On en raconta quelques-uns, & cela enga-gea inſenſiblement à en ra-conter d'autres.

Il fallut en dire un à mon tour. Je contay celuy de Marmoiſan, avec quelque broderie qui me vint ſur le champ dans l'eſprit. Il fut nouveau pour la com-pagnie, qui le trouva ſi fort de ſon goût, & le jugea ſi

peu connu, qu'elle me dit,
qu'il falloit le communi-
quer à ce jeune Conteur,
qui occupe si spirituelle-
ment les amusemens de son
enfance. Je me fis un plaisir de suivre ce conseil : &
comme je sçay, Mademoi-
selle, le goût & l'attention,
que vous avez pour tou-
tes les choses, où il entre
quelque esprit de morale,
je vais vous dire ce Con-
te tel à peu prés, que je le
racontay. J'espere, que vous
en ferez part à vostre aimable Frere ; & vous ju-
gerez ensemble, si cette Fable est digne d'estre placée

dans ſon agreable recueil de Contes.

Dans le temps, que la France eſtoit partagée entre pluſieurs Rois, on ne m'a pas dit ſous quel Regne, ny en quel ſiecle, mais il n'importe : il y avoit un Seigneur, nommé le Comte de Solac, qui eſtoit fort brave, fort riche, & tout plein d'eſprit. Il s'eſtoit marié dans un âge tres-avancé, & ſa femme mourut jeune, luy laiſſant ſix enfans, dont il y avoit un fils, & une fille, qui eſtoient jumeaux. Ce fils eſtoit unique : Il y avoit trois filles,

aînées des deux enfans jumeaux ; & une, leur cadette de trois ans. Ce Seigneur
ne voulut point se remarier,
& mit tous ses soins à faire
bien élever ses enfans. Cependant il ne réüssit, qu'au
plus petit nombre. Assez
peu d'années aprés son veu-
vage, sa fille aînée se trouva en âge d'estre mariée :
mais malgré l'envie, qu'en
avoit son pere, elle ne voulut point entrer dans cet
engagement, & elle fit bien.
Son caractere estoit com-
posé d'une devotion grima-
ciere , & d'une pruderie
outrée. Elle estoit fort lai-

de, & affez foible pour en avoir beaucoup de chagrin ; ce qui la rendoit de fi méchante humeur, qu'elle fe prenoit à tout le monde du peu de liberalité de la nature à fon égard. Elle témoignoit une averfion fi affectée pour le fexe different du fien, que quand le hazard avoit conduit quelque homme dans fa chambre, elle en ouvroit les feneftres pour chaffer le mauvais air, & y brûloit enfuite des paftilles. Elle ne vouloit pas fe donner la moindre peine, le moindre foin domeftique ; & ne revint

jamais de l'Eglise, où elle
alloit critiquer tout le monde, fans gronder quelqu'un
à fon retour au logis, & ne
ménageoit pas mefme fon
pere.

Le Comte de Solac a-
bandonnant cette prude outrée à fon caractere bizare,
crut qu'il pourroit s'en confoler par le merite de fes
deux filles, qui fuivoient cette aînée. Celle d'aprés avoit
de la beauté ; mais cette
beauté n'eftoit foûtenuë,
ny d'efprit, ny d'enjoüe-
ment. Une indolence fade
regnoit dans toutes fes actions ; & comme elle ne

fçavoit, ny agir, ny pen-
fer, faute de trouver du
fonds chez elle pour s'amu-
fer, le jeu faifoit fa paffion
dominante. Elle s'y livra
tant, qu'il devint en elle
une fureur ; & abufant de
la bonté de fon pere, on
voyoit toûjours dans fa
chambre quatre tables au
moins, entourées de gens
d'un efprit auffi déreglé que
leurs mœurs, qui fur la moindre difpute de jeu, fe difoient
à tous momens les plus af-
freufes veritez. Ces fortes
de perfonnes luy gagnoient
des fommes immenfes ; &
outre tout ce que la com-

plaifance de fon pere luy fourniffoit d'argent, elle faifoit mille indignes rapines fur toutes les chofes, qui eftoient foumifes à fa direction, & fe montroit d'une avarice fordide pour tout ce qui n'eftoit pas le jeu, où elle paffoit la plus grande partie des nuits.

La troifiéme fille du Comte n'eftoit pas belle; cependant elle avoit un petit air vif, & fripon, qui ne laiffoit pas de plaire. L'on remarquoit dans fon efprit de l'enjoüement & du feu; mais elle n'avoit ny jugement, ny conduite, & ai-

moit tous les plaisirs avec
emportement. Elle eut esté
au desespoir, si elle eût
passé un jour sans Bal, sans
spectacle, ou sans feste. Sa
magnificence sur les meu-
bles, & sur les habits ne se
bornoit point. Non - seulement elle donnoit aveuglé-
ment dans toutes sortes de
modes, quelque bizares
qu'elles fussent, mais elle en
faisoit naistre elle-mesme ;
& ma chronique porte, que
ce fut cette fille sensée, qui
eut la solide gloire d'inventer tous les Stinquerques,
les Firmamens, & les Fal-
bala de son Siecle : le plus

fragile bijou, le colifichet le plus enfantin luy faisoient envie ; & pour fournir à ces inutiles dépenses, elle auroit engagé jusqu'à la Robe de chambre de son pere. Et par dessus tous ces défauts, elle avoit encore celuy de ne pouvoir vivre, si elle ne se voyoit entourée d'une douzaine d'insipides Blondins, qui luy debitoient de fades douceurs, qu'ils sçavoient par cœur, à force de les avoir repeteés à plus de cent belles.

Cette Joüieuse, & cette Coquette, ne chagrinerent guere moins leur pere, que

la Prude outrée ; fur tout
quand il vit, qu'un âge plus
formé ne les corrigeoit point
de leurs dangereux pen-
chans. Mais qu'il eut fujet
d'eftre content de fa qua-
triéme fille ! C'eftoit une
charmante brune , dont
tous les traits, auffi regu-
liers que piquans, eftoient
encore embellis par l'éclat
d'un teint admirable : une
taille haute, & bien prife,
foûtenuë d'un air auffi noble qu'aifé, achevoit de la
rendre toute aimable ; &
les charmes de fon efprit
& de fon humeur, furpaf-
foient encore de beaucoup

ceux de son corps. Elle a-
voit l'esprit vif, solide, &
bien reglé : I stoit à la fois
genereuse , & œconome :
entroit de bonne grace
dans tous les petits soins
domestiques , où le cara-
ctere de son sexe l'enga-
geoit ; se faisant un plaisir , & une étude de bien
remplir tous ses devoirs. Son
frere , qui estoit son ju-
meau , luy ressembloit entierement du visage, & de
la taille : Et comme il avoit
les cheveux noirs , aussi-
bien qu'elle ; si la difference de leur sexe n'en eût
pas mis dans leurs habits,

on ne les auroit pas diſtin-
guez l'un de l'autre.

Mais ſi ce jeune Sei-
gneur, qu'on nommoit le
Comte de Marmoiſan, reſ-
ſembloit à l'aimable Leo-
nore ſa ſœur, par les agrémens perſonnels; il ne luy
reſſembloit guere du coſté
de l'eſprit. Il avoit raſſemblé
en luy la diverſité des défauts fatigans de toutes ſes
autres ſœurs, excepté les
grimaces de la fauſſe devotion, & de la pruderie bizare. Pour ſur ces deux ar-
ticles, on auroit eu tort de
l'accuſer ; car il donnoit
dans des excez entierement
oppoſez.

oppofez. Et avec tout le mauvais du caractere de fes fœurs, il avoit encore ajoûté de certaines manieres eftourdies, & évaporées, aufquelles la liberté de fon fexe luy avoit permis de fe livrer. Cependant avec fes airs évantez, fon amour pour le jeu & les folles dépenfes; il aimoit Leonore, qui eftoit la modeftie & le bon fens mefme, preferablement à toutes fes autres fœurs, dont les inclinations fe rapportoient fi fort aux fiennes:tant la Vertu eft propre à fe faire aimer, mefme de ceux qui

B

n'ont nulle envie de la suivre. Il eſt vray cependant, que cette jumelle, & luy, ſe trouvoient tous deux d'accord à aimer beaucoup le plaiſir de la chaſſe. Leonore eſtoit naturellement vive, & infatigablement agiſſante. Elle trouvoit le temps de remplir tous ſes devoirs, de lire, de travailler à la Tapiſſerie; & trouvoit encore des momens pour s'exercer à monter à cheval, à tirer des armes, & à chaſſer. Ces occupations eſtoient pour elle un divertiſſement fort touchant, & ſe rapportoient bien à ſon

courage , qui eſtoit d'une
fermeté aſſez peu ordinaire
aux perſonnes de ſon ſexe.
Quand le Comte de Solac
connut tout ſon merite , il
joignit à ſa tendreſſe de pere , une forte eſtime ; ce qui
luy fit prendre pour elle un
attachement , qu'il ſeroit
difficile d'exprimer. Il eut
bien voulu voir dans ſon fils
les meſmes qualitez : mais
quoique ce fils fût bien éloigné de les poſſeder , comme il eſtoit unique , & meſ-
me aimable malgré ſes dé-
fauts , ce bon pere ne laiſſoit pas de l'aimer paſſionnément. Il avoit mis ſa fille

cadette dans un Convent dés l'âge de trois ans ; & comme il ne connoiſſoit pas ſon humeur, il faiſoit deſ-ſein de ne l'en tirer, que pour la marier, de crainte qu'elle ne ſuivît moins le bon exemple de Leonore, que le mauvais de ſes autres ſœurs.

Cependant le bon Seigneur de Solac, qui ſe voyoit accablé dans ſa vieilleſſe des incommoditez, qu'il avoit contractées en portant long-temps les armes avec gloire, vit avec chagrin renaiſtre la guerre dans le Royaume. Il n'eſtoit

pl is en eftat de fervir, &
il avoit peine à fe refoudre
d'expofer un fils unique de
fi bonne heure. Pour Mar-
moifan , il brûloit d'eftre en
Campagne : il avoit envie
de fe fignaler , & d'eftre
maiftre de fes actions : outre cela, fon pere joüiffoit
de plufieurs beaux Gouver-
nemens, & de quantité d'autres bienfaits du Roy, dont
ce jeune Seigneur vouloit
fe rendre digne d'avoir la
furvivance ; & pour l'animer
encore, il fçavoit, que le
nom de fa Maifon eftoit
fort reveré dans l'armée.
Solac voyoit bien tout ce-

la , & eut esté tres-fâché, si
son fils n'eût pas fait tomber sur luy ces bienfaits du
Roy , surtout ces Gouver-
nemens , où il avoit toû-
jours fait sa residence , &
où il avoit vécu en petit
Souverain : Car pour com-
ble de bonheur toutes ses
terres, dans le Languedoc,
se trouvoient placées au-
tour des Villes, où il com-
mandoit. Avec cela, il estoit
tres-zelé pour le Service du
Roy : Cependant malgré
toutes ces considerations, il
balançoit entre la gloire &
la tendresse, quand il reçût
un ordre positif du Roy

d'augmenter son Regiment, qui estoit encore sur pied, & d'envoyer son fils à la reste ; parce qu'on sçavoit, que le nom de ce fils estoit aimé.

Il y avoit déja quelques années que le Comte de Solac avoit mené Marmoisan à la Cour ; on l'y avoit trouvé bien fait, & il avoit marqué en plusieurs occasions de l'esprit, & du cœur au-dessus de son âge. Du reste on ne s'embarassoit pas, s'il avoit de mauvaises qualitez ; il n'estoit question, que d'aller briller dans l'armée, & il avoit ce qui

estoit propre pour cela.
Ainsi comme le besoin de
l'Estat estoit pressant, &
qu'on vouloit engager toute la Noblesse considera-
ble à bien servir ; pour a-
nimer ce jeune Seigneur,
& pour porter son pere à le
voir partir avec joie , on leur
promit de terminer à leur
avantage dés cette premiere Campagne , une affaire
effectivement juste , que Solac avoit contre un ancien
ennemy de sa Maison , &
que le credit d'un Mini-
stre empeschoit depuis long-
temps de finir.

Le Comte de Solac , qui
estoit

eſtoit de ces braves à l'antique, ſenſible juſqu'à l'excez ſur le Point-d'hon-
neur & la vangeance, ſe
flata de triompher d'un ennemy qu'il haïſſoit, ayant
la parole poſitive du Roy,
qu'il ſçavoit eſtre inviolable. Ainſi il n'héſita plus
à conſentir au départ de ſon
fils, & ſongea à luy faire
preparer un équipage ma-
gnifique.

Marmoiſan eſtoit ravy
de joie: Cependant elle ne
l'occupoit pas ſi fort, qu'il
n'eût encore quelqu'autre
choſe en teſte. Il y avoit
déja quelque temps qu'il

C

estoit amoureux d'une jolie
personne, femme d'un Gen-
tilhomme assez considera-
ble. Cette femme avoit de
la vertu , & aimoit son é-
poux. Elle avoit dit plu-
sieurs fois au jeune Comte
en termes tres-vigoureux ,
qu'il luy feroit un grand
plaisir de ne la plus impor-
tuner de ses folles preten-
tions , dont elle luy con-
seilloit de se défaire ; mais
loin de profiter de ses conseils , il se mit en teste de
venir à bout de ses desseins
avant son départ. Pour cet
effet, il fit joüer toutes sortes de ressorts , qui luy fu-

rent inutiles ; & enfin ayant
ſçû que le mary de la belle eſtoit abſent pour quelques jours, à ce qu'on
croyoit, il réſolut de s'intro-
duire la nuit dans la chambre de la jeune Dame avec
une échelle de cordes, pre-
tendant réüſſir à ſe rendre
heureux par cet indigne artifice. Plein de ce pernicieux projet, il n'écouta
point certaines reflexions
qui vouloient s'efforcer de
luy en faire horreur ; & ſon
imprudence naturelle l'ac-
compagnant toûjours, il ſe
mit en eſtat d'eſcalader la
chambre de ſa Maiſtreſſe,

qu'il n'eſtoit pas dix heures du ſoir.

Le Gentilhomme avoit
terminé ſes affaires plûtoſt
qu'il n'avoit crû, & par un
eſtrange coup du hazard, il
alloit rentrer dans ſon logis
au moment que l'extrava-
gant Marmoiſan montoit à
l'échelle de cordes. La nuit
eſtoit trop noire pour diſcer-
ner les viſages; ainſi cet époux
voyant un homme en cet
eſtat, ne ſçeut s'il devoit le
prendre pour un voleur,
ou ſoupçonner la vertu de
ſa femme. Dans l'inſtant,
qu'il ſongeoit comment il
feroit pour le punir à l'heu-

re mesme sans éclat, l'in-
fortuné Marmoisan, que
cette arrivée imprévûë a-
voit si troublé, qu'il ne sçavoit plus ce qu'il faisoit, sentit manquer son pied, & se
laissa tomber au bas de l'é-
chelle. L'Epoux jaloux luy
passa son épée au travers
du corps ; & le coup fut si
fatal, qu'il en perdit la vie
un moment aprés. J'ay ou-
blié de dire, que toute cette
Scene se passoit à la Campagne dans un Chasteau
Voisin, de celuy du Com-
te de Solac. Le bruit de
l'action du Gentilhomme,
fit sortir du monde de son

Chasteau, avec de la lumiere ; & la femme mesme,
qui avoit crû entendre la
voix de son Epoux, & qui
fut bien estonnée de voir
ce spectacle. Elle trouva des
moyens incontestables de
prouver son innocence dans
cette affaire : Mais quand
son Epoux & elle furent
d'accord, ils se trouverent
bien embarassez, comment
ils pourroient se disculper
envers le Comte de Solac,
qu'ils estimoient, & dont
ils apprehendoient le credit. Ils ne trouverent point
de meilleure voie, que de
prier ce Comte de venir

chez eux, pour luy conter
les choses comme elles s'é-
toient passées, & les luy
prouver par l'échelle de corde, qu'on ne changea point
de place, & par d'autres
marques encore. Tout cela
fut executé: Et malgré la
douleur mortelle, que le
Comte eut de la perte de
son fils, son équité luy fit
voir, qu'il ne devoit s'en
prendre qu'au mauvais de_
stin de ce jeune estourdy.
Ce qui le desesperoit le plus
encore, c'estoit l'occasion
honteuse pour laquelle il
estoit mort. Ainsi, par je
ne sçay quel mouvement il

pria les deux Epoux de cacher exactement toute cette funeste avanture, & fit
emporter le corps secrete-
ment. Ensuite il alla déchar-
ger sa douleur dans le cœur
de ses filles, qui ne furent gueres moins affligées que luy,
particulierement Leonore.

Ce bon Vieillard exage-
roit toutes les cruelles circonstances qui accompa-
gnoient la mort indigne de
ce fils; & sur tout estoit au
desespoir, de voir perdre
la décision avantageuse de
cette grande affaire, qui devoit estre le fruit de la premiere Campagne de Mar-

moifan. Ses filles le confo-
loient le mieux qui leur
eftoit poflible : mais comme leur paffion dominante
les occupoit trop chacunes,
pour eftre auffi fenfioles que
Leonore aux tendreffes du
fang, il n'y en eut point
qui s'en acquitât auffi-bien
qu'elle. Mais de plus, fa
tendreffe, & fon courage,
luy infpirerent un deffein
bien genereux. Comme elle
reffembloit parfaitement à
Marmoifan, elle propofa à
fon pere, que s'il vouloit y
confentir, elle quitteroit les
habits de fon fexe, & iroit
joüer le perfonnage de fon

frere à la Cour, & dans les armées. Le bon Seigneur charmé de sa résolution, y aplaudit tout d'un coup ; & il ne fut plus question, que de prendre de justes mesures, pour executer habilement ce projet.

On avoit fait courir le bruit, que Marmoisan estoit absent ; & en mesme-temps on publia, que Leonore vouloit aller passer un assez long temps dans un Convent fort éloigné, & que sa petite sœur Ioland l'y accompagneroit. On fit partir une fille masquée, qu'on dit estre Leonore ; & Leonore

prit les habits de Marmoifan. On fit effectivement
fortir la jeune Ioland de fon
Convent ; mais ce fut pour
la déguifer en Page , dans
le deffein de la faire fuivre
Leonore : parce qu'il eftoit
neceffaire qu'il y eût quelqu'un à fa fuite , qui fçût le
fecret de fon fexe, & qu'on
ne pouvoit pas le mieux
confier , qu'à cette jeune
fœur , qu'on ne connoiffoit
point dans le monde , où elle n'avoit jamais paru. Elle
n'avoit pas encore quinze
ans ; & fes fœurs trouverent
que fon habit de Page luy
feyoit admirablement. Quoi-

qu'elle ne fût pas si belle
que Marmoisan, son air
estoit fort vif, & fort pic-
quant: elle avoit de l'esprit,
& avec un enjoüement des
plus grands, elle ne laissoit
pas d'avoir de la prudence.
Elle commençoit à s'en-
nuyer dans le Convent; &
elle fut ravie de la Scene
qu'elle alloit joüer avec Leonore, que nous appellerons
désormais Marmoisan, qui
partit pour la Cour, aussi-
tost que son équipage fut
prest.

Il fut fort bien reçû du
Roy, qui estoit un Prince
sage & plein de bonté, &

s'attira l'inclination particuliere du fils unique de ce Monarque, jeune Prince fort brave, & fort vif, & cependant point amoureux, au grand étonnement de toute la Cour, & au grand regret de toutes les Coquettes, qui s'y croyoient belles.

Mais ce Prince eſtoit ſi livré à l'amour de la Guerre, & à celuy des plaiſirs à fracas, qu'il ſembloit n'avoir pas le temps de ſonger à la tendreſſe. Bal, ſpectacle, partie de Chaſſe, Maſcarade, Carrouſel, Feſte galante, tout cela l'occu-

poit entierement, en attendant la faison de fe fignaler
par les Armes. Il s'attachoit
de fi bonne foy aux jeunes
Seigneurs qui l'approchoiét,
en qui il trouuvoit du merite, qu'il les traitoit plû-
toft en amis qu'en Sujets:
& le Roy fon Pere crai-
gnoit qu'il ne prît l'habitude de fe laiffer trop ob-
feder des Favoris. Il mit
Marmoifan de tous fes plaifirs ; & cet agreable Comte s'attiroit les fuffrages de
tout le monde par fa bon-
ne grace & fon adreffe.

Il y avoit fouvent autour
de ce jeune Prince une trou-

pe de jeunes gens fort étourdis, grossiers, brutaux,
pleins d'une vanité ridicule,
toûjours prêts à tirer l'épée
mal - à - propos, toûjours
prêts à médire du Genre
humain, & sur tout des
femmes. Enfin, il ne man-
quoit à ces gens là, que le
nom de petit Maistre : Pour
les manieres, elles estoient
pareilles. Car le monde a
toûjours esté à peu prés tel
qu'il est ; & en ce temps là,
comme en ce temps - cy,
toutes les Cours estoient
pleines de ces sortes de
gens. Marmoisan eût beau-
coup à souffrir de leur Con-

verfation. Il avoit pris à
merveille les airs Cavaliers,
mais non pas les extrava-
gans. Ainfi fe trouvant quelquefois trop fatigué des Contes impertinens, qu'ils faifoient de leur Bravoure, & de
leurs bonnes Fortunes au-
prés des Belles, il fçavoit
les plaifanter d'une maniere fine, & picquante. Il
parvint bien-toft à s'en faire haïr ; & comme ils a-
voient remarqué, que des
groffieretez d'un certain caractere le faifoient rougir,
& le déconcertoient, ils prenoient plaifir à les débiter
devant luy, & faifoient par
tout

tout mille froides railleries de fa retenuë.

On ne manqua pas d'en aller faire des Hiſtoires au Prince ; & le Comte de Genac, un de ſes Favoris de plus de merite, dit, Qu'en effet, il eſtoit ſurpris de voir Marmoiſan ſi ſage, & ſi modeſte à la Cour ; parce que l'ayant vû, il y avoit quelque temps en Province, il ne luy avoit point paru ſi Caton. Comme le Prince eſtoit fort raiſonnable, les Contes qu'on luy fit de Marmoiſan ſur cet article, ne firent qu'augmenter ſa faveur auprés de luy.

D

Le Comte de Genac n'y contribua pas peu. Il avoit pris pour Marmoifan une eftime, & une amitié extrême. Il vantoit fans ceffe à fon jeune Maiftre, les grandes qualitez de ce beau Cavalier, & luy faifoit plaifir ; car il fentoit que fon penchant l'entraînoit à aimer beaucoup Marmoifan. Le Prince n'eftoit pas le feul dans la Cour, qui eût ce penchant ; bien des Dames luy reffembloient. Je ne m'amuferay point à raconter toutes les minauderies & les fauffes démarches que firent quelques-unes d'elles,

pour plaire à noſtre preten-
du Cavalier ; ny tous les
tours de Pages, que Ioland
leur fit. Elle eſtoit ravie d'e-
xercer ſon enjoüement par
mille petites malices, qui con-
venoient admirablement à
l'habit qu'elle portoit. Elle
en fit encore plus aux petits
Maiſtres, qu'aux Coquettes;
& elle s'acquit en fort peu
de temps la reputation d'un
Page, le plus Page du Royaume : mais qui dans ce caractere ne laiſſoit pas d'eſtre
plein d'eſprit, & d'agrément;
& qui ſur tout avoit un talent merveilleux, pour con-
trefaire tous ceux qu'il

D ij

voyoit ridicules. Le Mar-
quis de Brivas, jeune Seigneur amy de Marmoiſan,
trouvoit tant de charmes
dans les folaſtres manieres
de ce Page qu'il diſoit ſouvent à ſon Maiſtre : Mon
pauvre Comte, je donne-
rois de bon cœur ma plus
belle Terre, pour avoir auprés de moy un Gentilhom-
me auſſi ſpirituel, & auſſi
divertiſſant, que ton petit
Page.

Enfin, la ſaiſon de la Guerre ſuivit celle des plaiſirs.
Le Prince partit pour l'Armée, & toute la jeune No-
bleſſe avec luy. Comme l'eſ-

prit dangereux de la Reine
seconde Epouse du Roy,
avoit formé dans l'Eſtat plus
d'une Cabale turbulente,
qui ne cherchoit qu'à broüiller ; ce Monarque reſta
dans le cœur de ſon Royaume, pour faire avorter ces
factions par ſa preſence.

Cependant la Campagne
fut meurtriere : il s'y donna trois grandes Batailles,
où Marmoiſan ſe diſtingua
d'une maniere toute heroïque ; & dans l'une deſquel-
les, il eut le bonheur de ſau-
ver la vie au Prince. Il eut
encore celuy de découvrir
par ſa prudence une trahi-

son terrible, qui livroit la moitié de l'Armée aux ennemis. Ces actions d'éclat luy acquirent une si grande reputation, & acheverent si bien de le mettre au comble de la faveur auprés du Prince, qu'il se fit mille jaloux, qui ne chercherent plus qu'à luy nuire.

Le Comte de Richevol fut un de ceux qui s'y porta avec le plus de malignité. Ce Seigneur avoit de la valeur; mais c'estoit la seule bonne qualité qu'il eût : il estoit aussi bizarre, qu'imprudent & prodigue ; & quoiqu'il eût épousé une des grandes Heritieres du Royaume, & qu'il eût des Revenus immenſes des Bienfaits du Roy, jamais homme ne porta plus loin le nombre des Creanciers, la groſſeur des dettes, & l'intrepidité de ne pas acquiter un ſeul denier ſur des millions qu'il devoit. Cependant l'eſprit de dépenſe, où l'entraînoient ſes magnificences mal entenduës, & les dons pleins de profuſions qu'il faiſoit à ſes Maiſtreſſes, le mettoient à tous momens dans une telle diſette, qu'il fatiguoit inceſſamment le Roy de ſes demandes. Il n'eſtoit Charges, Privileges, Confiſcations, qu'il ne cou-rût demander : tout luy eſtoit propre, & le Roy qui eſtimoit ſa bravoure, & aimoit ſon caractere par un penchant naturel, avoit toû-jours la bonté de luy accor-der ce qu'il demandoit. Le bruit en étoit entierement re-pandu dans le monde Ainſi quand Marmoiſan parut à la Cour, ayant remarqué que cet évaporé de Riche-vol eſtoit bleſſé des appro-bations qu'on luy donnoit, & tâchoit à traverſer ſa fa-veur naiſſante, il n'eut pas beaucoup de ménagemens pour luy. Un

Un jour, qu'il venoit d'apprendre que Richevol avoit fait quelques méchantes plaisanteries, il le paya sur le champ d'une bonne. Ils estoient tous deux chez le Roy, où il y avoit beaucoup de monde; & Richevol contre sa coûtume, demeuroit rêveur, & sans rien dire. Dans cet estat létargique comme il ouvrit la bouche pour bâiller; Marmoisan lui dit fort haut, Le Roy vous l'accorde. Que voulez-vous dire par là? répondit Richevol: C'est que vous n'avez jamais ouvert la bouche icy, repartit Mar-

E

moifan , que pour deman-
der au Roy ; ce Prince a la
bonté de ne vous refuſer jamais : Ainſi je vous ay dit,
le Roy vous l'accorde ,
pour vous épargner un plus
long diſcours. Ce bon mot
divertit beaucoup toute la
Cour ; & Richevol qui en
fut piqué juſqu'au vif , en
fit éclatter ſon reſſentiment
dans l'occaſion , dont je
vais parler.

On prit une Ville d'aſſaut ;
& les Soldats irritez du trop
de reſiſtance des Habitans,
vouloient s'abandonner contre eux à toutes les fureurs de
la Guerre. Le Prince donna

des ordres pour les retenir :
mais ils auroient esté fort
mal executez, si la com-
passion genereuse de Mar-
moisan n'eût mis en usage
mille stratagêmes, pour ga-
rentir la vie, & l'honneur
d'une infinité de personnes :
Il s'efforça mesme, autant
qu'il luy fut possible, d'em-
pescher le pillage ; & ce fut
encore une nouvelle offen-
se pour Richevol. Car il étoit
Grand Seigneur, mais il aimoit plus à piller que le moindre Soldat de l'Armée. Il
fit au Prince de terribles
plaintes contre Marmoisan ;
& dit que les Soldats mur-

muroient tout haut , avec
raifon ; puifqu'il eftoit jufte,
que ces malheureux fe dé-
dommageaffent par le pil-
lage , de tout ce qu'ils fouf-
froient pendant une Cam-
pagne. Il pretendit que
Marmoifan avoit trop é-
tendu les Ordres du Prin-
ce , fur le frein qu'il vouloit qu'on leur donnât : Puis
il ajoûta, Pour moy je croi
que ce beau Comte fi fcrupuleux eft une femme qui fe
cache , tant il eft tendre &
pitoyable. Nous luy en a-
vons déja remarqué affez
de manieres , pour donner
fujet de l'en foupçonner. Ri-

chevol auroit eu bien envie
d'ajoûter encore, que Marmoisan n'estoit pas brave;
mais il ne s'estoit point
presenté d'occasion, où il
n'eût donné tant de preuves
de Valeur, qu'il n'osa avancer contre luy un menson-
ge si grossier.

Le Prince arresta tous
ces differens par son autorité; mais cependant, ce
qu'avoit dit Richevol luy
revint plus d'une fois dans
l'esprit. Avez vous remarqué, disoit il, au Comte de
Genac, ce qu'on nous dit
des manieres de Marmoi-
san; & n'avez-vous point

fait reflexion fur ce que nous en avons vû cent fois nous - mefmes ? Je ne fçay fi Richevol n'a point rencontré jufte, & fi Marmoifan n'eft point en effet une fille déguifée. Genac, qui avoit connu le vray Marmoifan en Languedoc, & qui auroit pû fournir une lifte affez grande de fes folles Amourettes, affuroit bien pofitivement le Prince, que c'eftoit un garçon, & mefme fort éventé en fortant de l'enfance ; mais qu'il ne falloit plus fonger à cela, puifqu'il s'eftoit fi bien corrigé, qu'il pouvoit paffer

pour le plus fage jeune homme de l'Armée. Le Prince
eftoit au defefpoir de ces
affurances ; car il eut voulu
je ne fçay par quel mouvement, que Marmoifan eût
efté d'un fexe different du
fien.

Cependant Richevol toû-
jours animé par la haine, fe
fit un plaifir de faire courir
ce bruit fourdement dans
l'Armée , pour chagriner
Marmoifan , qu'il croyoit
bien veritablement un Ca-
valier dans le fonds de fon
ame. Ce bruit fe repandit
de tous coftez parmy les
Soldats: & Marmoifan voit

inceſſamment qu'on le re-
garde, qu'on le ſuit, qu'on
l'obſerve; & plus on l'obſerve, plus on le décon-
certe. On dit en cent en-
droits à ſes Domeſtiques,
que leur Maiſtre eſt une fille : Ioland l'en avertit, & luy
dit, que ſa douceur, ſa mo-
deſtie, & ſa compaſſion
pour les miſerables, ſont les
ſeuls ſujets qui ont donné
lieu à ces bruits. Marmoiſan fut penetré de chagrin,
de voir que ces bruits fâcheux alloient apparem-
ment rompre toutes les
meſures qu'il avoit priſes,
avec tant de juſteſſe. Il pre-

tendoit s'en retourner auprés de fon pere, fi toft que
la Campagne feroit finie, &
là, feindre une maladie;
puis publier habilement,
que Marmoifan eftoit mort,
& enfuite reprendre les habits de fon fexe. Le Roy
avoit déja accordé à fon
pere, la grace qu'il luy a-
voit promife; mais noftre
heroïne avoit trop de cœur,
pour difparoiftre avant que
la Campagne fût finie; &
de plus, fon départ, en l'é-
tat où eftoient les chofes,
n'auroit pas manqué de découvrir le fecret qu'elle vouloit cacher.

Pleine de ces diverses inquiétudes, elle s'écarta du Camp seule, pour avoir du moins la douceur de rêver en liberté : car son intrepidité luy faisoit méprifer les périls qui pouvoient arriver en s'écartant ainfi. Que la ferocité des hommes eft grande ! difoit-elle, & qu'ils en font bien convaincus eux-mêmes, puis qu'un peu de douceur, & de retenuë eft capable de leur faire entre-voir que je ne fuis pas de leur fexe ! Si l'on m'avoit vû jurer, affommer mes Valets, ne parler jamais de la divinité qu'en blaf-

phemant ; boire avec des
excez honteux : on n'au-
roit pas douté , que je
ne fuffe un homme ; & je
ne me trouve dans le cruel
chagrin où je fuis , que
pour avoir vécu avec trop
de regle : mais quand je
devrois encore fouffrir davantage , je ne puis me ré-
foudre à vivre d'une ma-
niere extravagante , quel
que foit l'habit , que je
porte; car excepté les airs
éfarouchez & libertins ,
n'ai je pas agi comme font
les hornmes ? Ai-je ména-
gé ma vie ? Ai-je.... Marmoifan dans fa mauvaife

humeur alloit encore faire
bien d'autres moralitez fort
aigres contre le fexe maf-
culin, quand des voix con-
fufes, & des cris l'inter-
rompirent au milieu de fa
periode. A peine étoit-il
forti de fa rêverie, qu'il vit
une jeune fille, que deux
foldats tiroient tour à tour
avec violence, chacun de
fon côté. Il courut à eux,
& leur commanda de laif-
fer cette malheureufe: mais
ces brutaux, qui étoient é-
chauffez de vin, le voyant
feul, lui répondirent info-
lemment, que puifqu'elle
étoit leur prifonniere il n'y

avoit qu'eux deux qui puffent fe la difputer. En même temps un d'eux fe mit
à la traîner vers un bois
qui étoit proche. Marmoi-
fan, ne confultant que fon
courage, mit l'épée à la
main, & ces brutaux l'y
mirent auffi tôt que luy.
Par une valeur accompa-
gnée de bonheur, il ôta la
vie au premier, étendit
l'autre fur la place bleffé
dangereufement ; & il em-
mena enfuite à fa tente cette fille, qui luy parut fort
belle, voulant la garantir
des dangers qu'elle auroit
pû courir ailleurs.

Malgré l'étrange effroy
où étoit cette jeune beauté, elle témoigna sa reconnoissance à son liberateur
avec tous les sentimens
d'un cœur bien placé ; &
ces remerciemens furent
faits en des termes qui marquoient qu'elle étoit une
personne de qualité. Le
Soldat, qui avoit été si blessé, fut des premiers à publier l'extrême valeur de
Marmoisan, & le bruit de
toute cette avanture s'étant
bien-tôt répandu, détruisit
entierement celuy, que Richevol avoit fait courir : car
par les soins que prit Mar-

moifan de la fanté & de
l'honneur de la belle prifonniere, on ne douta point
qu'il n'en voulût faire fa
maîtreffe : ainfi on le crût
tres-Cavalier.

Le Prince en fut au de-
fefpoir , & les petits maîtres , qui crurent que Marmoifan alloit prendre enfin
le train de leur reffembler,
l'en eftimerent davantage.
Pour luy il étoit fort affligé du tort que ces folles
croyances faifoient à la reputation de cette jeune perfonne , quoy - qu'il fe fla-
tât de trouver des moyens
de prouver fon innocence

fans fe commettre , & que
cependant il eût de la joye
de voir qu'on ne doutoit
plus , qu'il ne fût du fexe
dont il portoit l'habit. Le
Prince feul ne pouvoit fe
refoudre à le croire , & pro-
jettoit plus que jamais de
prendre des mefures pour
demêler ce qui en étoit. Il
faifoit à Marmoifan mille
prefens de colifichets magnifiques & de fleurs rares;
bagatelles , qui charment
ordinairement les femmes:
mais celle à qui il s'adreffoit
croyant penetrer le deffein
qu'il avoit , en luy faifant
des prefens de ce caractere,
marquoit

marquoit pour eux la plus grande indifference du monde, & laiſſoit voir qu'elle ne les acceptoit, qu'à cauſe de la main dont ils venoient ; & même s'échapoit quelquefois à témoigner, qu'un beau cheval, & une belle épée luy feroient bien plus de plaiſir, que tous ces vains bijoux.

L'envie de s'éclaircir fit que le Prince la mit encore à une autre épreuve. Il luy donna pluſieurs grands repas, tous compoſez de compotes, de confitures ſeches, & liquides, de tartes de franchipane, de poupe-

F

lins , de biscuits , de ga-
teaux d'amandes , & de li-
queurs douces : Car quoy
que ce siecle-là ressemblât
au nôtre par mille en-
droits , il differoit pourtant
en quelques-uns , & il n'y a-
voit point de Dame , qui
s'accommodât de langues
parfumées , de saucissons de
Boulogne , & de Ratafiats,
comme certaines font en
ce temps-cy. Marmoisan
joüa encore bien son per-
sonnage , quoy-que les fêtes que donnoit le Prince
fussent bien veritablement
de son goût. Il feignit, autant que la bien seance le

peut permettre , de trouver
toutes ces choses tres-fades ;
& prit la liberté de demander au Prince en plaisan-
tant , s'il les prenoit pour
des Belles de les regaler
ainsi.

Le Prince ne savoit plus
où il en étoit ; toutes les paroles & les actions de
Marmoisan le charmoient,
il ne pouvoit vivre sans luy ,
& il sentoit bien , que si
tout le merite qu'il luy
voyoit, se trouvoit dans une
fille , elle deviendroit pour
luy le sujet d'un amour violent. Cependant il ne pouvoit plus se flater que c'en

fuſt une ; tout l'aſſuroit du contraire : Que je ſuis malheureux ! s'écrioit-il ; mon cœur a toûjours été inacceſſible à la tendreſſe , & je m'aviſe d'en prendre pour une idée. Je me dis & redis ſans ceſſe, Que Marmoiſan n'eſt-il une fille ! que je trouverois de douceur à l'aimer ! Ah j'ay honte de ces chimeres. Le Comte de Genac n'en étoit pas moins occupé que luy depuis certain jour, où il avoit engagé Marmoiſan à chanter , qui n'avoit oſé s'en deffendre , crainte des ſoupçons. Sa voix étoit ſi belle & ſi dou-

ce, que Genac enchanté
ne put croire qu'un deſſus
ſi charmant fût la voix d'un
homme : toutes les preuves
qu'il avoit avancées à tout
le monde du ſexe de Mar-
moiſan s'évanoüïrent de ſon
eſprit, & il en devint auſſi
charmé que le Prince. Sa
paſſion luy ouvrant les
yeux, il comprit que ſi veritablement Marmoiſan ſe
trouvoit être une heroïne,
il ne manqueroit pas d'a-
voir un rival en ſon maître;
ainſi il ſe garda bien de laiſſer paroître ſes ſentimens.

Cependant Marmoiſan
ravi de voir ſa reputation

cavaliere bien établie s'ob-
serva peut-être moins que
d'ordinaire, & eut l'imprudence de témoigner beau-
coup de chagrin en presen-
ce du Marquis de Brivas,
pour du linge mal blanchi,
& des habits mal pliez :
malgré sa douceur naturelle,
il gronda fort ses gens sur
ce sujet ; & sa mauvaise humeur augmenta encore, re-
marquant que son Pavillon
n'étoit pas bien rangé. Il fit
une attention si forte sur
toutes ces choses, & entra
dans des détails de propreté si pleins de bagatelles,
qu'il marqua parfaitement

bien en cette occafion le caractere ordinaire des femmes, dont la plus part affectent dans leurs habits, & dans leurs meubles une propreté qu'elles portent quelques fois jufqu'à la bizarrerie la plus ridicule, & dont elles fe font un merite comme d'une délicateffe bien entenduë. Celles qui ont l'efprit un peu ferme font ordinairement exemptes de ces deffauts : Cependant Marmoifan avec toute fa grandeur d'ame, n'avoit pas eu la force de fe mettre au deffus ; tant ce penchant eft enraciné chez cer-

taines perfonnes du fexe.
Brivas , qui fe contoit des
amis particuliers de Mar-
moifan , ne put s'empêcher
de luy en faire la guerre.
Eft-il poffible , lui dit-il,
qu'ayant l'efprit, & le cœur
fi grands, tu puiffes entrer
dans ces petiteffes ? C'eft
affurément pour t'en punir,
que le Ciel a voulu qu'on
t'ait vû plufieurs jours la
reputation d'être femme ;
car je ne fay pas fi cela eft
venu jufqu'à toy : mais ce
bruit a couru un temps toute l'armée , & de bonne foy
tu le merite bien; car d'ordinaire ce n'eft pas le def-
faut

faut des hommes d'être si bagatelliers. Marmoisan rougit cruellement, & voulut prouver que l'extrême propreté devoit être du goût des deux sexes: Mais Brivas soutint toûjours par de vives raisons, que le milieu seul étoit loüable sur ce chapitre; & regarda cet entêtement dans Marmoisan, comme une foiblesse mêlée à ses grandes qualitez.

Quelques jours aprés comme on parloit chez le Prince du bruit qui avoit couru dans l'armée touchant le sexe de Marmoisan, Brivas dit naïvement

G

ce qu'il croyoit avoir donné lieu à ce bruit : il crut
que d'autres auroient remarqué les propretez feminines
de Marmoiſan, & ſe mit à
en parler en les excuſant :
car ce temps-là differoit encore de celuy-cy, ſur un autre article que celuy dont
j'ay tantôt parlé. Les Dames, il eſt vray ; n'y bu-
voient point de vin de
Champagne, ni de Rata-
fiat ; mais auſſi les hommes
ne s'aviſoient point d'être
trois heures à leur toillette,
à mettre des eſſences &
des pomades, & ne renche-
riſſoient point ſur les plus

celebres Coquettes par le nombre, & l'extravagance de leurs modes: Bien loin de cela, on les méprisoit dés qu'on leur voyoit des manieres qui approchoient le moins du monde de la bagatelle. Ainsi Brivas employa toute son éloquence à disculper Marmoisan ; mais comme il étoit aimé du Prince, & que tout ce qui se trouva là de personnes considerables étoient de ses amis ; on luy passa ces deffauts en faveur de son merite.

Cependant le Prince & Genac furent ravis de ce

qu'ils venoient d'entendre.
Le Prince ne fut pas plû-
tôt feul avec ce favory qu'il
s'écria : Genac, il n'en faut
plus douter, Marmoifan eft
une fille , & fi c'en eft une,
je fens que je l'aimeray toute ma vie. Que de beauté!
que de vertu ! que de douceur & de courage tout en-
femble! Enfuite il fit projet de chercher des moyens
pour la convaincre de fon
fexe , à quelque prix que
ce fût ; & peu de temps a-
prés il crut en avoir une
occafion bien favorable.

Le commencement de
l'Automne de cette année-

là fut excessivement chaud,
& beaucoup plus que ne
l'avoit été le milieu de l'E-
té. Le Prince étant un jour
entouré de Genac, de Mar-
moisan, & de plusieurs autres jeunes Seigneurs, pro-
posa de s'aller tous baigner
dans une belle riviere pro-
chaine. Il étoit persuadé, que
Marmoisan étoit une fille, &
une fille modeste, qui n'alloit
pas manquer de s'allarmer
d'une telle proposition, &
de s'en excuser: mais il pre-
tendoit l'en presser si fortement, qu'elle seroit con-
trainte de luy avoüer son
sexe. Cependant il se trom-

pa, Marmoifan donna comme les autres dans ce qu'il propofoit, quoique penetré de douleur. Il voyoit bien que s'il refufoit ce party il fe découvroit ; & fa modeftie le faifoit fremir d'horreur en fongeant à quoy on le vouloit expofer. Il fuivit donc triftement cette troupe enjoüée, refolu de feindre un mal violent, quand il feroit fur le bord de la riviere, fi quelque heureux incident ne le délivroit point de ce danger par le chemin.

On arrive, & l'on veut que Marmoifan fe mette

le premier dans l'eau : il plaisante quelque temps sur cette preférence ; ensuite il se met à ôter bien lentement son écharpe, sa cravate & les ajustemens les plus superficiels de sa parure ; puis il noüe un ruban de mille nœuds en feignant de le vouloir dénoüer. Comme il étoit attentif à le dénoüer encore une fois, luy & toute sa compagnie entendirent une voix haute qui sembloit venir du milieu de l'air, & qui cria trois fois d'un ton lugubre & touchant : *Marmoisan ! tu te baignes*,

& ton pere se meurt ! Toute la troupe fut extrêmement surprise : On ne découvroit personne dans toute la plaine , & l'on ne douta point que cette voix ne fût surnaturelle. Marmoisan reprit ses ajustemens avec précipitation , & courut à sa tente pour savoir s'il ne luy étoit point arrivé quelque Courrier. On luy dit qu'il n'en étoit point venu : Cependant la partie de bain avoit été rompuë ; tout le monde, jusqu'au Prince, avoit accompagné Marmoisan ; & l'émotion qu'il avoit euë

luy donnant une petite in-
difpofition , il en feignit
une grande pour fe déba-
raffer de tous ces impor-
tuns.

Il ne fut pas plûtôt feul ,
qu'Ioland luy dit , qu'ayant
entendu fans être apercuë
la propofition qu'on luy
avoit faite d'aller baigner ,
elle avoit cherché dans
tout fon efprit quelque
moyen pour le tirer de ce
pas dangereux ; & qu'a-
prés s'être munie d'un cornet d'airain , elle l'avoit
fuivie de loin : qu'enfin
elle avoit monté au faifte
d'un arbre le plus haut ,
. . . .

d'où elle avoit crié dans
le Cornet d'une voix la-
mentable les paroles qu'elle avoit entendu. Marmoi-
ſan, charmé de la preſence
d'eſprit de ſon aimable
ſœur, l'embraſſa mille fois,
& toutes deux ſe diverti-
rent bien de ce ſtratagê-
me : mais la reflexion ,
qu'on tourmenteroit enco-
re bien-tôt Marmoiſan par
quelqu'autre épreuve , ar-
rêta leur joye ; de ſorte
que pour ſe mettre l'eſprit
en repos, comme il avoit
aſſez fait d'actions de valeur pour ne plus laiſſer
douter de ſon courage , il

refolut de faire le malade
le reste de la campagne,
afin de n'être plus expofé
aux bains ni aux autres
difgraces.

J'ay oublié de dire,
qu'ayant gardé quelque
temps la belle prifonniere
avec toute la bien-feance
qu'on peut obferver dans
un Camp, il l'avoit enfin
menée dans une Abbaye
celebre d'une Ville pro-
chaine, où il alloit fou-
vent la voir. Cette fille qui
étoit une heritiere de grande qualité, avoit perdu
fon pere dans cette guer-
re, & fes parens qui euf-

fent voulu la voir morte, ou Religieuse, ne s'empref-ferènt point de la venir dé-gager. Pendant que Mar-moifan faifoit le malade, il pria Genac, dont il con-noiffoit la fageffe, d'aller quelquefois rendre vifite à cette belle perfonne à fa place, pour la confoler de fes malheurs. Genac s'ac-quita de cette commiffion en galant homme; & com-me il vouloit fe défaire du penchant qu'il fentoit pour Marmoifan, qu'il ne dou-toit plus qu'il ne fût une fille, il tâcha d'en prendre un pour cette aimable étran-gere.

Enfin la campagne finit, &
Marmoisan demande con-
gé au Prince pour aller
voir son pere, qui n'étoit
point mort, quoy qu'en
eust dit la voix lugubre.
Mais le Prince ne voulut
point luy donner cette per-
miffion, & luy dit, que
le Roy charmé de sa va-
leur & de tous les grands
services qu'il luy avoit rendus, vouloit luy marquer
sa reconnoiffance au milieu
de la Cour, en le com-
blant de bienfaits.

Cependant Solac auroit
eu bien besoin de la pre-
fence de Marmoisan, pour

être consolé des chagrins terribles que luy avoient donné deux de ses filles. A peine Marmoisan avoit été party, que la Joüeuse avoit recommencé à tourmenter son pere plus que jamais pour en tirer des sommes immenses ; & le bon Seigneur qui aimoit la paix, luy avoit donné tout le bien qu'elle pouvoit prétendre de sa mere, pour en disposer comme elle jugeroit à propos, afin de n'être plus fatigué de ses éternelles demandes : Quand elle en fut maîtresse, elle joüa avec tant de fureur

& de malheur, qu'elle perdit tout son fonds en fort
peu de mois : Elle s'apper-
çut de sa folie , quand il
ne fut plus temps de la reparer ; & elle en eut tant
de honte & de douleur,
qu'elle s'alla jetter dans un
Convent, où elle prit l'habit de Religieuse.

La Coquette la suivit bien-
tôt. Son ridicule penchant
pour la fleurette l'entraînant
toûjours dans quelque in-
trigue, elle eut une liaison
qui fit du fracas, & qui la
rendit la fable de tout le
monde. Peut-être qu'elle
étoit innocente ; mais enfin

sa reputation fut perduë :
& quand dans le fonds
elle euft efté fort fage, fon
imprudence & le peu de
foin de fa gloire meritoient
bien cette punition. Voyant
que cet éclat la ternifloit
pour jamais, outrée de defefpoir, elle fit comme la
Joüeufe, & alla prendre le
voile dans le mefme lieu à
fon grand regret.

Il ne reftoit plus au Comte de Solac, que fa ridicule Prude, fauvage, bizarre,
qui ne pouvoit vivre avec
perfonne, avec qui perfonne ne pouvoit vivre, & qui
n'étoit bonne qu'à chagriner

ner son pere à toutes les heures du jour ; mais les vertus & les actions heroïques de Marmoisan consoloient ce pere de toutes les traverses de ses autres enfans. Il étoit aussi fort content d'Ioland & n'aspiroit qu'à revoir l'une & l'autre.

Elles n'en avoient pas moins d'envie : Cependant il falut aller à la Cour, où tout le monde regarda Marmoisan comme un prodige de valeur & de conduite. Le Roy le combla de caresses, d'honneurs, & de bienfaits. La Reine qui ne perdoit point l'envie de for-

H

mer des partis dans l'Etat
fut fâchée de voir un jeune homme de ce merite,
ſi attaché au Prince ſon
beau fils, & reſolut de prendre des meſures pour l'en
détacher, & le mettre dans
ſes intereſts. Ainſi par des
vuës differentes Marmoiſan
fut careſſé de tous côtez.

Quoique tous ces hon-
neurs le flataſſent agreablement, il n'en étoit pas moins
empreſſé de quitter la Cour,
où il trembloit toûjours d'ê-
tre reconnu. Il avoit crû penetrer quels ſeroient les
ſentimens du Prince à ſon
égard s'il s'étoit avoüé fille;

& la bonne mine , l'esprit
agreable , & les autres bonnes qualitez de ce jeune
Prince le rendoient assez
aimable pour être propre
à en inspirer de pareils. Nôtre Heroïne n'étoit pas insensible : mais elle savoit
regner sur ses passions ; &
quand elle faisoit reflexion
à l'inégalité des conditions,
elle se disoit que le Prince
ne songeroit à elle que pour
se faire un amusement. L'i-
dée seule en mettoit sa fierté au suplice : ainsi elle com-
battoit plus que jamais le
penchant secret qu'elle a-
voit toûjours senty pour

H ij

luy , & ne penſoit qu'à
l'aller oublier dans ſa Province. Elle attendoit donc
impatiemment que le tems
luy fournît quelque occa-
ſion de quitter la Cour a-
vec bien-ſeance , quand le
Prince la mit d'un Carou-
ſel , dont tout ce qu'il y
avoit de conſiderable à la
Cour étoit.

Tout le monde mit en
uſage ſa magnificence , &
ſa galanterie pour reüſſir à
ſe donner une agreable parure. Enfin le jour de l'étaler arriva ; il fut queſtion
de rompre des lances l'un
contre l'autre , ſuivant la

mode de ce siecle là. Marmoisan fit paroître son adresse plusieurs fois ; mais aprés avoir tant remporté d'honneurs dans ces combats de lances, l'homme le moins adroit de la Cour en rompit une contre luy, qui vola en divers éclats, dont un le blessa si fort & si malheureusement, qu'il tomba évanoüi de dessus son cheval.

Cet accident troubla toute la Fête : on emporta Marmoisan dans le Palais devant lequel se faisoient ces jeux. Le Prince les quitta & courut prés du lit où on a-

voit mis Marmoisan éva-
noüi. Comme on s'effor-
çoit de le faire revenir,
on aperceut du sang qui
marquoit qu'il avoit été
blessé à l'estomac. On voulut voir en quoy consistoit
cette blessure : mais quel
fut l'étonnement de ceux
qui étoient presens, lors
qu'ils virent une gorge qui
charmoit par sa beauté! Le
Prince saisi à la fois de joie
& de douleur, fit un cry,
qu'il ne fut pas le maître
de s'empêcher de faire,
quand Ioland entra dans
la chambre. Elle n'avoit
point été témoin de l'acci-

dent de fa fœur ; car dans ce moment elle étoit occupée à fe preparer pour un Ballet , qu'on devoit danfer le foir. Lors qu'elle vit fa fœur évanoüie , pleine de fang , & fon fexe découvert , ce fpectacle la mit dans un defefpoir , où elle ne fut plus maîtreffe de rien ménager, Ah ! ma chere fœur ! s'écria-t-elle , faut il vous voir perdre vôtre fecret & vôtre vie dans un vain divertiffement , aprés que vous avez fçeu conferver l'un & l'autre au milieu des plus affreux perils ! Ces paroles

donnerent encore un nou-
vel éclaircissement au Prince.

Le bruit de cette avan-
ture s'étant répandu en un
instant dans le Palais, la
Cour se rendit en foule
dans la chambre de Mar-
moisan, qui ne sortoit point
de son évanoüissement,
malgré tous les soins qu'on
prenoit pour l'en tirer. Le
Roy qui témoignoit une
consideration infinie pour
cette charmante Heroïne,
la recommanda fort à la
Reine son épouse, fit sortir la foule, & se retira.
La Reine, qui vit qu'elle
étoit

étoit si long-temps sans revenir à elle, la laissa entre
les mains de ses femmes,
& se retira aussi. Le Prince malgré son inquietude,
fut obligé par la bien-sean-
ce de s'arracher de ce lieu,
& donna la main à la Rei-
ne jusqu'à son apartement:
mais il ne fut pas long-
temps sans retourner s'informer luy mesme de la
santé d'une personne qui
luy étoit si chere. Il trouva Ioland auprés de sa
sœur, toûjours inconsola-
ble de l'état où elle la
voyoit. Elle crut qu'il n'é-
toit plus temps de rien de-

I

guiſer au Prince, & malgré ſa douleur, elle luy conta avec beaucoup d'eſprit les meſures que ſa ſœur avoit priſes pour ſe bien menager dans ſon déguiſement, & faire enſorte qu'il fût enſeveli dans un ſecret éternel, pour donner à ſon frere la gloire de toutes les actions de courage qu'elle avoit faites. Puis cette jeune perſonne ajoûta, que le zele hereditaire dans ſa maiſon pour le Roy & pour le Prince, avoit pardeſſus toutes ſortes de raiſons, engagé Leonore à prendre ce party.

Enfin le fentiment luy revint, & l'on ne peut exprimer la confufion qu'elle eut en voyant le Prince auprés d'elle, qui luy dit, Que vous nous avez donné d'alarmes, Madame! il n'y a que la joye, que nous aurons de vôtre fanté qui les puiffe égaler. Elle luy répondit d'une maniere auffi fpirituelle, que modefte, quoyqu'il fût aifé de démêler qu'elle avoit du trouble dans l'ame. Enfuite le Prince la quitta pour la laiffer en liberté.

Cependant toute la Cour ne retentiffoit, que du merite de Marmoiſan devenu Leonore : on vantoit à l'envy ſa valeur, ſa vertu, la ſolidité de ſon eſprit, l'agrément de ſes bons mots; & l'on ne pouvoit aſſez s'étonner de voir les belles qualitez des deux ſexes ſi bien réünïes en un même ſujet. Le bruit des loüanges qu'on donnoit à cette Heroïne raviſſoit le Prince en ſecret, & le faiſoit de nouveau s'applaudir de ſon choix : Mais il étoit étrangement inquieté de ſavoir comme il étoit dans l'eſprit de Leonore. Il alla pour s'en éclaircir le lendemain,

le plûtôt qu'il luy fut poſ-
ſible, & trouva Ioland dans
des habits de ſon ſexe.

Leonore étoit dans ſon
lit dans la negligence d'u-
ne malade peu attentive
à ſa parure ; mais malgré
ſa negligence & ſon abat-
tement, elle paroiſſoit d'u-
ne beauté admirable. Le
Prince apprit que la bleſſure que luy avoit fait la
lance n'étoit pas dangereu-
ſe, & même ne ſeroit pas
longue à guerir. Comme
tout le monde s'étoit éloigné par reſpect, il s'appro-
cha d'elle, & luy dit tendrement: Qu'on ſeroit heu-

reux , Madame , ſi toutes
les bleſſures étoient auſſi
faciles à guerir que celle
qui m'a fait verſer des lar‑
mes pour vous ! mais il en
eſt de plus dangereuſes ,
dont je puis parler par ex‑
perience , & cependant tou‑
te genereuſe que vous ê‑
tes , je crains bien que vous
n'ayez pas pour moy la ſen‑
ſibilité que j'ay euë pour
vous , & que vous ne
voyiez ce qu'elles me font
ſouffrir , ſans en être tou‑
chée. Leonore fort decon‑
certée de ce diſcours, ré‑
pondit d'un air embaraſſé:
Seigneur , le zele & le reſ

pect que j'ay pour vous me
fera toûjours prendre un in-
terest bien vif à tout ce qui
vous regarde : mais il est
de certaines blessures, qui
consistent plus dans l'imagination qu'elles ne sont
réelles , & que j'avouë en
effet , que je ne plain-
drois pas. Le Prince ne voulant pas s'expliquer à demy
luy dit en des termes aussi
passionnez que galans, les
pressentimens qu'il avoit eu
de son sexe; exagera les impressions qu'ils avoient faites dans son ame , & finit
en disant , qu'il seroit le
plus malheureux de tous

les hommes, si elle étoit
insensible à une tendresse,
qui dureroit autant que sa
vie. Leonore luy répondit,
qu'elle osoit le faire souvenir des marques de fermeté
qu'elle avoit données pour
luy faire faire reflexion qu'elle n'étoit pas sujette à bien
des foiblesses, dont beaucoup d'autres femmes é-
toient capables, & que
pour éviter la plus grande
de toutes ces foiblesses, elle
n partageroit jamais les sentimens qu'il venoit de luy
témoigner; puisque l'inter-
vale de leurs conditions empêchoit qu'elle y pût ré-

pondre sans blesser sa gloire. Vôtre seul merite, Madame, reprit le Prince avec
impatience, vous rend di-
gne de remplir le Trône
des premiers Souverains de
l'Univers ; mais outre ce
merite, je me dois à vous
par mille raisons : les services éclatans que vous avez
rendus à l'Etat ; la vie que
je tiens de vous...... Vous
exagerez trop ces foibles
services, dit Leonore en
l'interrompant ; mais quand
ils seroient aussi grands
que vous daignez le dire,
le Roy vôtre pere n'aura
pas....., Répondez-moy de

vôtre cœur, interrompit le Prince à son tour , & je vous répons de l'agrément du Roy ; je say quelle est son estime pour vous, & sa bonté pour moy. L'arrivée de deux Princesses arresta cette conversation.

Cependant le Prince courut rendre compte au Roy de la santé de Leonore : il fit un recit avantageux de la maniere , dont elle soutenoit le caractere de son veritable sexe ; & le Roy la loüa sans reserve. Remarquant l'excez de joye que ces loüanges faisoient paroître dans les yeux du

Prince, il dit en souriant,
que Leonore avoit défar-
mé beaucoup de ses enne-
mis dans son habit d'hom-
me; mais que dans son ha-
bit de fille, elle avoit dé-
farmé son fils. Le jeune
Prince rougit, & demeura
interdit : mais il se rassura
bien-tôt, & dit au Roy,
qu'il étoit vray, qu'il n'a-
voit pû refuser son estime
à tant de vertus ; & il ad-
joûta, que s'il daignoit approuver son penchant, il se
trouveroit le plus heureux
des Princes de se voir unir
avec une heroïne si accom-
plie. Le Roy luy dit avec

bonté, qu'il ne s'opposoit point à cette inclination, & qu'il consentoit qu'il l'épou-sât dés qu'elle seroit gue-rie. Le Prince transporté de joye se jetta à ses pieds pour le remercier, & vola porter cette nouvelle à Leonore.

Dés que son sexe avoit été reconnu, toute la Cour fut pleine du bruit que le Prince en étoit charmé: Le Roy en fut aussi tôt aver-ti, & prit le party au mê-me moment de laisser agir le choix de son fils. La feuë Reine mere de ce jeu-ne Prince, étoit une Princesse étrangere, qui avoit toûjours conservé une inclination si bizarre pour sa patrie, & pour les Princes de sa Maison, qu'elle n'avoit jamais pris un sincere attachement pour le Roy son époux, ni même pour son fils, & avoit porté son étrange caprice jusqu'à trahir l'Etat. La seconde Epouse du Roy étoit une Princesse d'un esprit inquiet & broüillon, qui vouloit absolument avoir part dans les affaires, quoyque la petitesse de son esprit la rendît incapable d'en conduire aucune. Elle formoit inceſſamment des cabales, qui diviſoient toute la Cour, & ſe laiſſoit gouverner par des femmes d'un eſprit bas, & d'une condition obſcure, dont elle ſuivoit tous les mou-vemens.

Le Roy fatigué des travers d'eſprit de ces deux Princeſſes, convaincu de l'inutilité des alliances é-trangeres, & perſuadé du caractere élevé, tranquille, & raiſonnable de Leonore, ſe reſolut ſans peine à la voir devenir l'Epouſe de ſon fils : d'autant plus que croyant ce jeune Prince aſ-

fez facile à prendre les im-
preſſions de ceux qu'il conſideroit ; le Roy aimoit
mieux qu'il s'abandonnât
aux conſeils d'une épouſe
cherie, dont tous les ſentimens ſembloient n'aſpirer
qu'à la vertu, qu'à ceux
de quelque favory ambi-
tieux.

Le peuple qui avoit été
charmé des belles actions
de Marmoiſan, & tranſ-
porté de joye, quand il
avoit ſçû qu'elles venoient
d'une fille, combla le Roy
de benedictions pour le
conſentement qu'il donnoit
à ce mariage. La Cour en

parut ravie; & le Marquis
de Brivas , un des plus
grands Seigneurs du Roiau-
me , le fut doublement ,
obtenant pour Epouse l'aimable Ioland , dont l'en-
joüement l'avoit tant charmé dés le temps qu'elle
portoit l'habit de Page. Le
Comte de Genac épousa
la belle prisonniere , que
le merite & le bien ren-
doient un fort grand par-
ty. Leonore , & le Prince
gouterent ensemble pen-
dant une longue suite d'années tous les agrémens que
donne une heureuse fortu-
ne accompagnée de vertu :

Et

Et cette heroïne fut la gloire & la confolation de fon
pere, avec qui la fauffe Prude s'étoit enfin broüillée
publiquement, fe rendant
à fon tour la fable de tout
le monde, en laiffant voir
fes bizarres caprices à découvert.

Mais en vous faifant, Ma-
demoifelle, l'Hiftoire memo-
rable de Marmoifan, je
croy, que je me fuis étenduë dans plus de reflexions,
& de circonftances, que je
ne penfois. Il me femble,
que ma narration ne dura
pas tant, quand je la fis à
cette compagnie dont je

K

vous ay parlé ; mais enfin
il n'importe: ce que je viens
de vous dire eſt toûjours
au fond bien naïvement le
Conte de Marmoiſan, tel
qu'on me l'a conté quand
j'étois enfant.

MORALITE'.

Cent fois ma nourrice ou ma
    mie
M'ont fait ce beau recit le ſoir
    prés des tiſons;
Je n'y fais qu'ajoûter un peu de
    broderie.
On voit bien par de tels dictons,
  Que la ſageſſe de nos Peres
Sans nous embarraſſer de ma-
    ximes ſeveres,
Nous faiſoit ces belles leçons,

Que qui ſe broüille la cervelle
Des feux d'une ardeur crimi-
nelle
Perit toûjours honteuſement;
Et que qui ſuit aveuglement
Le jeu, la fauſſe pruderie,
La bizarre coquetterie,
Eſt toûjours immanquable-
ment
Payé de ſa folle manie;
Mais que qui fait tout ſon
pouvoir
Pour ſuivre la raiſon, la gloire,
& le devoir,
Scait vaincre enfin la deſti-
née,
Et voit ſa vertu couronnée.

Fin de Marmoiſan.

A MADEMOISELLE
DE RASILLY
EN LUY ENVOIANT
L'AVARE PUNY.

DAns les divers déreglemens
    Dont l'esprit humain est capable
A mon gré l'avarice est le moins par-
    donnable
Le plus propre à porter aux grands
    égaremens,
Un Avare est toûjours d'une humeur
    âcre & noire ;
De son esprit pervers le bon sens est
    banni.
Les Vers que vous voyez contien-
    nent une Histoire :
Où vous en verrez un tres-justement
    puni.

MAIS, Mademoiselle, vous
allez trouver ma Muse
bien badine dans cet ouvrage.

Elle y eſt ſi fort ſortie de ſon ſerieux & paroît ſi differente de
ce qu'elle eſt d'ordinaire, que
je m'imagine, que ſi vos ſolides
occupations vous laiſſent faire attention ſur le temps où
nous ſommes, vous croirez qu'u-
ſant du privilege du Carnaval,
elle s'eſt miſe en maſque aujourd'huy. Cependant elle
n'eſt pas ſi bien déguiſée qu'on
ne la reconnoiſſe aiſément en
l'examinant, & on luy verra
toûjours cette envie de mora-
liſer qui luy eſt naturelle: Il
n'y a de difference que dans la
maniere de le faire. Mais ainſi
qu'il importe peu à un voiageur
de traverſer des Bois ou des
Prairies, pourveu que ſon chemin ſoit agreable & le condui-
ſe au but qu'il s'eſt propoſé; de
même pourveu qu'on inſtruiſe

en divertiſſant il n'importe pas
ſur quel ton on le faſſe. On eſt
aujourd'huy dans le goût des
petites nouvelles Morales , en
Proſe & en Vers: Deux de mes
amies qui ont infiniment du merite ont ſouhaité avec ardeur
de me voir entreprendre un de
ces Romans rimez, parce qu'elles aiment beaucoup cette ſorte de production d'eſprit; &
moy par complaiſance pour
elles & par l'envie que j'ai
euë de me divertir à voir ſi
je reüſſirois bien ou mal dans
ce Genre badin de Poëſie, je
me ſuis amuſée à compoſer
l'Hiſtoriette que vous voyez.
Je croy que vôtre ſcrupuleu-
ſe auſterité , quelque délicate
qu'elle ſoit ne critiquera pas
les portraits ; car vous êtes
ſi éclairée que vous démêle-

rez d'un coup d'œil que le
caractere éventé & interessé
de la suivante, n'est tel que
pour servir d'une juste opposition à celuy de Nantide si
modeste & si genereux : Ce
qui forme un contraste qui
fait mieux briller la vertu de
l'heroïne. Pour le caractere
d'Artaut, vous voyez bien
qu'il faut qu'il soit un peu
outré pour interesser le Lecteur. S'il voyoit la peinture
d'un homme qui ne fût que
mediocrement Avare & point
vicieux, il se feroit plûtôt une
sorte de peine qu'un plaisir de
le voir si severement puny :
Au lieu que le portrait qu'on
fait de cet indigne Avare
l'ayant fait haïr, le Lecteur
est réjoüy de le voir traité
comme il merite. D'ailleurs,

Mademoiselle, vous à qui peu
de circonstances de l'Histoire
ancienne & moderne échapent,
je croy que vous savez que
c'est assez l'idée qu'en donne
le Sire de Joinville dans ses
Memoires. Vous vous sou-
viendrez aparamment que c'est
dans le 10. chapitre, où cet
Historien aussi exact que naïf
raconte l'accommodement que
fit le Roy Saint Loüis entre
la Reine de Chipre & le Comte Thibault de Champagne,
Il parle de la liberalité du
Comte Henry le Large ayeul
de Thibault ; & en raporte
le fait qui sert de fondement
au sujet & au dénoûment de
ma Nouvelle. Pour la maniere dont je l'ay traitée, comme je me flate que vous me
faites l'honneur de m'aimer,

j'espere

j'efpere que vous m'en direz vos fentimens naturellement. Je l'ay adreffée à une illuftre amie dont vous connoiffez l'heureux talent à bien raconter les Hiftoriettes & les Contes. Ma nouvelle eft bien adreffée , le fujet eft vray , & même affez heureux ; la Morale en eft bonne , enfin peut-être qu'il n'y manque rien que l'Art de narrer avec cette grace qu'on a vûe dans certains Ouvrages de ce caractere, qui ont paru depuis quelques années. Ce défaut ne vaut pas la peine d'en parler , encore une fois , Mademoifelle , je vous prie de vouloir bien me dire ce que vous en penfez, vous obligerez fenfiblement,

Vôtre....

Le 9. Fevrier jour du Mercredy gras.

L

ARTAUT,

OU

L'AVARE PUNY,

NOUVELLE HISTORIQUE.

A MADAME

LE CAMUS.

Ous, dont les bons mots en-
joüez
De tous les connoiſſeurs ſont
juſtement loüez ;
Vous, dont l'expreſſion naïve
A ſçû divertir tant de fois
Dans des Contes charmans le plus puiſ-
ſant des Rois ;

Vous qui peignez les mœurs d'une couleur si vive,

 Inimitable le Camus,

Oserai - je à mon tour dans un recit
fidele

 Vous raconter une nouvelle ?

 Oüi, que craindrois-je là dessus ?

Vouloir vous imiter sont des soins super-
flus ;

Mais je n'espere pas atteindre à ce mo-
dele ,

Vous contant aujourd'huy certaine bagatelle

Qui met bien dans leur jour, & vices, &
vertus :

Puissiez-vous approuver les leçons de
morale

 Qu'en badinant ma Muse étale.

Fort peu de fiction entre dans mon projet.

Joinville qui d'un Roy tout éclatant de
Gloire,

 Nous donna la fameuse Histoire

Dans ses naïfs écrits m'a fourny mon
sujet.

 Jadis regnoit dans la Champagne,

Par les dons de Bacchus fort renommé
Climat,

Et pour tout païs de Caucagne ;
Un Prince, dont les mœurs firent beau-
coup d'éclat.
Il étoit vaillant dans la Guerre
Prudent dans son Conseil, & plein de
fermeté ;
Mais ce qui plus encor fit bruit par tou-
te terre
Ce fut sa liberalité :
Affable, genereux, d'effets plus qu'en
paroles,
Vertu tres-peu commune aux gens de
qualité
Dont tant n'ont qu'en discours de ge-
nerosité
Pour mettre tout leurs biens à des dé-
penses folles.
Nôtre heros avec soin les fuyoit
Et croiant son grand cœur à pleines
mains versoit
Et les écus, & les pistoles
Sur ceux de ses sujets, que le sort mal-
traitoit.
Secours des malheureux, il eut l'ame si
belle,
Son humeur donnante fut telle,
Il fut si genereux, si bon,
Que de HENRY LE LARGE il reçût
le surnom.

Communément la Ville , la Pro-
vince ,
Reglent leurs mœurs fur celles de leur
Prince ;
Auſſi les Champenois pendant ſon regne
heureux
Se piquant de délicateſſe
De grandeur , & de politeſſe
Se montroient preſque tous braves , &
genereux,
Entr'autre un certain Gentilhomme
Des plus grands Seigneurs du Païs
Riche, liberal, bien appris,
S'étoit toûjours fait voir vaillant, & ga-
lant homme ;
Il ne ſe donnoit nul combat
Qu'il ne ſe ſignalât à bien ſervir l'Etat.
Ce zele étoit commun à tous ceux de
ſa race :
Cependant par un ſort, qui paroiſſoit
fatal,
Le Prince en tout ſi liberal,
N'avoit ſur ce Baron jamais verſé de
grace.
Pourquoy? c'eſt que Henry des malheu-
reux l'apuy,
D'Ernoux (tel fut ſon nom) connoiſſant
les richeſſes

Quand il faiſoit des dons ne penſoit
   point à luy,
Croia t qu'il ſe pouvoit paſſer de ſes
   largeſſes.
Ernoux de ſon côté ne luy demandoit
   rien ;
      N'imitant pas ces courtiſans ſordi-
        des
      Qui riches , & toûjours avides
Vont fatiguer leur maître à demander
   du bien.
      Le bon Seigneur tout au contraire
      Faiſoit tout ſon plaiſir d'en faire:
      Parents , amis, vaſſaux, valets,
Trouvoient toûjours chez luy ſecours , &
   bonne chere.
Sans nul ménagement pour les vils
   intereſts.
Auſſi n'avoit-il pas de nombreuſe
   famille ;
      Pour tout enfant il n'avoit, qu'une
        fille
Mais ſi pleine d'eſprit , de douceur, &
   d'attrais ,
      De ſageſſe , & de grandeur d'ame ,
      Qu'on ne pouvoit trouver jamais
      Plus de charmes dans une femme.
      Chaque jour ſes appas vainqueurs

Captivoient mille , & mille cœurs.
Mais parmy la brûlante bande
De ſes ſoûpirans (quoique grande)
Elle ſçut fort long-temps conſerver ſes
froideurs.
Enfin un Cavalier d'une maiſon illu-
ſtre
Jeune , bien fait , galant , ſage , reſpe-
ctueux ,
Et qui par cent faits pleins de luſtre
Avoit encore rendu ſon grand nom plus
fameux ,
S'aviſa de brûler pour elle :
Il devoit moins , que tous convenir à
la Belle ;
Car malgré ſes titres pompeux ,
Et de ſes qualitez l'aſſortiment heu-
reux
Il n'avoit pas pourtant la plus eſſen-
tielle :
C'étoit un grand Seigneur fort
gueux.
Cependant l'aimable Nantide ,
(C'eſt ainſi qu'on nommoit cette fille
d'Ernoux)
Aimant le merite ſolide
Le regarda d'un œil fort doux.
Comme elle étoit modeſte , & fiere ;
L iiij

Quoyqu'elle fût sensible aux soins du
  Cavalier,
Pour quiter ses hauteurs, & sa froide
maniere
      Elle se fit long-temps prier.
Enfin elle avoüa qu'Imbert savoit luy
  plaire.
Et même elle promit de couronner son
  feu,
      Pourveu qu'il obtînt de son pere
      En sa faveur un doux aveu.
Cet amant transporté d'une joye incroia-
  ble
Ne songea plus qu'à trouver un moment
      Qui luy fût assez favorable
      Pour avoir ce consentement.
L'affaire à son esprit paroissoit difficile;
Il avoit peu de bien, & savoit fort
  qu'Ernoux
Au gré de ses souhaits pouvoit faire à
  sa fille
Du plus riche Seigneur aisément un
  époux.
      Cependant flaté d'esperance
      Par sa valeur & sa naissance,
      Et par la generosité
Du pere de l'objet, qui le tient en-
  chanté,

Il va d'un air ſoûmis,& d'une voix timide,
Luy conter ſon amour pour la belle
  Nantide ;
Et dit, que ſi ſes feux pleins du plus vif
  tranſport
    Ne peuvent avoir ſon ſufrage,
    Pour l'obtenir en mariage,
Dans le premier combat il cherchera la
  mort.
Quoyqu'Ernoux connût bien ſes feux,
  & ſon courage,
Il ne crut pas au fonds quoyqu'il tînt
  ce langage
Qu'à devenir deffunt il s'empreſſât ſi
  fort.
    En effet il auroit eu tort.
Le vieux Baron avoit l'ame fort pene-
  trante
    Et ſes yeux s'étoient apperçus
    Qu'auprès de ſa fille charmante
Les tendres ſoins d'Imbert n'étoient pas
  mal reçus.
Ainſi ſans conſulter la maxime commune,
Qui met dans les treſors, la gloire, le
  repos,
Le mauvais ſort d'Imbert n'a rien qui
  ſ'importune.

Il suffit qu'il luy voit une ame de heros.
Il luy répondit donc par ces obligeans
　mots :
Vous n'avez pas beaucoup de biens de la
　fortune ;
　　　Mais grace à mon destin heureux ,
　　　Nantide en aura pour vous deux ,
Non pas pour soûtenir une dépence af-
　freuse ,
Mais pour se faire un sort , qui soit com-
　mode & doux :
Ma fille n'eut jamais l'humeur ambi-
　tieuse ,
Et quitteroit le bien pour choisir un
　époux
　　　D'un merite aussi grand que vous :
Contez-donc la dessus c'est une affaire
　faite;
　　　Si tôt que nous verrons le jour
Où l'oncle de ma fille a marqué son
　retour
　　　Vôtre ardeur sera satisfaite ;
　　　Jusque-là tenez la secrette.
　　　Imbert à l'objet de ses vœux
　　　Va conter ce succez heureux
　　　Tous deux se livrent à la joye :
　　　Mais qu'ils goutent peu leur bon-
　　　heur !

Tout à coup le Ciel leur envoye
Une violente douleur.
Dans une maison de campagne
Des plus belles de la Champagre,
Sous un bon coffre fort, Ernoux soigneu-
sement
Conservoit les deniers d'un gros rem-
boursement;
Et gardoit cet argent pour marier sa
fille :
    Quoyque ce celebre Château
    Fût aussi fort qu'il étoit beau
Le precieux tresor un adroit voleur
pille.
    Ce n'est pas tout, on apprend qu'un
Banquier,
Chez qui le bon Seigneur a tout son bien
à rente,
Quoyqu'on prônast par tout sa fortune
opulente
    Sans retour devient banqueroutier.
    Ce vol & cette banqueroute
Mirent si fort Ernoux, & sa fille en de-
route,
    Qu'on les crut par ce coup fatal
    Presque reduits à l'hôpital.
    Dés que la nouvelle en fut sçuë
Qu'à la Cour, à la Ville elle fut repanduë,

Nantide vit bien-tôt ſes amans s'écar-
ter ;

C'eſt en vain qu'elle eſt ſage & belle,
Elle n'a plus de dot, plus de penchant
pour elle,

Les ſoupirans vont déſerter.
Le ſeul Imbert tendre & fidele
Tâche à flater les maux de ſon adver-
ſité,

Et parle d'accomplir leur hymen pro-
jetté.

Mais ſa maîtreſſe qui ſe pique
De nobles ſentimens de generoſité,

Luy répond d'un air heroïque:
Si vous aviez du bien pour ſoûtenir le
rang

Que vous donne l'éclat du ſang,
Puiſque nous ſentons même flâme
Je ſerois bien tôt vôtre femme
Et même mon bonheur me paroîtroit
plus doux

Si je le tenois tout de vous.
Mais du deſtin la cruelle injuſtice
Par la perte des biens vous fit ſentir ſes
coups,

N'allons donc pas ſuivant un trop tendre caprice

Unir nôtre ſort par des nœux,

Qui pourroient devenir funestes à tous
deux ;
    Sans l'heureux secours des richesses
    Souvent les plus fortes tendresses,
    Se changent en mépris affreux.
    Ainsi tournez ailleurs vos vœux,
    Et cherchez le secret de plaire,
    A quelque opulente heritiere
Je souffriray bien moins si je vous voy
heureux.
    Imbert de ce discours s'offence
Et jure à sa maîtresse éternelle constance
    Malgré leur destin rigoureux :
    Leur entretien jadis si plein de char-
mes
    Se termina par bien des larmes.
    Dans la maison d'Ernoux, où regnoient
les plaisirs,
    Regne une tristesse muette
Qu'on n'interrompt que par quelques
soupirs.
    Nantide avoit une Soubrette
    Qui se fachoit fort de ce train :
    Elle aimoit beaucoup sa maîtresse
Mais elle haïssoit encor plus le chagrin.
A l'aimable Nantide elle prouvoit sans
cesse,

Que la plus mortelle tristesse
N'apporte aux accidens aucun soula-
   gement;
   Cette suivante avoit de l'agrément
   Etoit adroite, & babillarde,
Aimoit qu'on luy contât souvent tendres
   propos;
Et quoyque sage au fonds se montroit
   trop gaillarde
      Dans ses discours, & ses bons mots.
Au reste bonne enfant: qui dans son
   caractere
      Ne laissoit pas de beaucoup plaire.
      Un jour temoignant un transport
      Qui partoit du fond de son ame
      A Nantide, elle dit, Madame,
Nous allons voir changer vôtre mal-
   heureux sort.
      Artaut jusqu'à l'excez vous aime
De ce fameux Bourgeois vous connoissez
   l'état,
      Le credit, la richesse extréme,
Il ne tiendra qu'à vous d'en partager
   l'éclat.
      Il me vient de dire luy-même,
Que tant qu'il vit du bien chez vous
Il n'osoit aspirer à se voir vôtre époux;
      Mais qu'ayant veu vôtre disgrace

Il vous offre à present, & son cœur, &
son bien ;

Dés demain si l'on veut le contrat il en
passe,

Sans qu'en vous épousant il vous demande rien.

Ah! je ne le croy pas répondit sa maîtresse;

L'indigne Artaut n'a point une telle
tendresse ;

    Car jamais un vieux débauché
    N'a le cœur fortement touché.

Il veut voir seulement si j'auray la foiblesse,

    De donner dans de tels filets;

Pour publier par tout, que malgré ma
jeunesse,

    Ma fierté, mon rang, mes attraits,

Et malgré ce qu'on dit de son humeur
jalouse,

J'ay fait tous mes efforts pour être son
épouse.

    Mais quand ses feux seroient bien
    vrays

    Je ne serois pas fille à faire
    Avec ce Barbon une affaire :

Son esprit lâche & bas, & sa bizarre
humeur

M'ont toûjours donné de l'horreur?
Je dis plus, il auroit, & merite, &
noblesse
Que je refuserois de m'unir à son sort.
J'ay pour Imbert une tendresse
Qui ne finira qu'à la mort.
Ne croy donc pas, que jamais je me
donne ;
Puis que je ne puis être à luy,
Je ne prétens être à personne.
Il vous faut pourtant un appuy,
Reprit la Suivante en colere ;
Vous vouliez bien hier, qu'il prît une
heritiere,
Prenez un Richard aujourd'huy.
J'avois raison, luy dit Nantide ;
Mais tu vois qu'il ne le veut pas :
Si quelque heureux destin le guide,
Comme il est brave & sage il peut par
les combats,
S'avancer, & changer sa dure desti-
née ;
Mais si la fortune obstinée
Refuse à sa vertu ses éclatans secours,
Pour luy rendre la foy que son cœur
m'a donnée,
Je veux dans un Convent aller passer
mes jours.

Ah

Ah juste Ciel ! le beau recours !
S'écria la vive Soubrette,
Que vous seriez bien satisfaite
D'être entre quatre murs à pleurer vos
amours !
Mais enfin au Barbon , que faut-il
que je die ?
Dis luy , que je le remercie,
Dit la belle , & qu'en vain il me vien-
droit prier
Puisque je ne prétens jamais me marier.
Nantide avoit raison de refuser l'hom-
mage
De ce vieux bouru de Bourgeois ;
C'étoit un vilain personnage
Par une centaine d'endroits.
Il avoit sû dans son jeune âge
Manger son patrimoine en moins de
quatre mois.
A quoy ? c'est qu'il couroit de Coquette,
en Coquette,
De Berlan en Berlan , de Grisette en
Grisette,
Sans honte , sans égard , sans choix ;
S'il se trouvoit dans le Village
La Meuniere étoit son partage.
Quand elle l'eut été déja de deux ou
trois ,

M

Tout étoit bon pour son libertinage;
Quand il se vit sans fonds comme sans
 revenus,
Il n'est tours remplis de souplesses
  Passes droits, mauvaises finesses,
Dont il ne se servît pour avoir des
  écus,
Qu'il portoit aux Traitteurs, aux Ber-
lans, aux Maîtresses :
  Aprés avoir suivi de telles passions
  Il changea d'inclinations;
  Tout d'un coup on vit l'Avarice
  Etre l'objet de son caprice.
  Ayant par un soin diligent
  Fait amas de beaucoup d'argent,
Il prit party dans les finances ;
  C'est-là, que son art excela,
  Jamais Maltotier n'égala
Son brigandage affreux, ses dures im-
 pudences.
Il plaidoit tout le monde & gagnoit ses
 procez,
Et sçut porter si loin ses avares excez,
Qu'il vouloit qu'à ses gens le seul os
 d'une éclanche,
Leur fournît du potage au moins cinq
 ou six fois,
  Ne mettoit de chemise blanche

Tout au plus qu'une fois le mois ;
Et que du Franc-salé qu'il tiroit d'une
charge
   Qu'il avoit chez HENRY LE LARGE
   Il vendoit le sel à faux poids,
On ne peut exprimer la peine, la mi-
  sere,
Qu'avoient dans sa maison & commis &
  valets ;
     Il fut l'inventeur mercenaire
     D'un almanach, qui fait exprés
Les Fêtes retranchoit & triploit les Vi-
  giles,
     Qu'il faisoit jeûner à l'excez :
Enfin dans la rapine il savoit des secrets
Que tous les Harpagons, même les plus
  habiles
     Ne pouront découvrir jamais
     Et int si pillard & si chiche
     En peu de temps il devint riche.
Lors il eut en tous lieux, grand pouvoir,
  grand credit,
     On vanta par tout son adresse,
     Ses talens, son subtil esprit,
Tant le peuple toûjours revera la ri-
  chesse.
Il est vray, qu'il étoit laborieux,
   actif,

       M ij

Fin , penetrant, expeditif;

Qu'il euſt, quoique fantaſque , une aſſez
    bonne tête ,

Qu'à ſavoir la chicane il n'eut point ſon
    pareil ,

    Et qu'il eut toûjours au Conſeil

Pour trouver de l'argent une invention
    prête.

Ce fut par ces talens que malgré ſon
    humeur ,

    Sa craſſe , ſa rapine extrême ,

Qu'auprés d'un Prince ſage, & la largeſſe
    même

    Il ſcût trouver de la faveur.

Tout cela frapoit tant les yeux de la Sui-
    vante ,

    Que quoy que Nantide en eût dit

    La réponſe qu'elle luy fit

    Ne fut point du tout rebutante :

    Elle contenoit ſeulement ,

    Qu'à preſent ſa jeune maîtreſſe

    Etoit trop dans l'accablement

Pour aller tout d'un coup paſſer à l'al-
    legreſſe

    En changeant de nom , & d'état :

    Que cela feroit trop d'éclat

Mais qu'aprés quelque mois il pourroit
    ſans myſtere

L'aller demander à son pere.

Artaut gonflé d'un fol espoir

Tout fier d'avoir si tôt sû plaire

En luy tout de nouveau cent merites
erut voir

Si bien qu'il oublia son âge & sa bassesse.

He ! quelle Dame pût refuser sa tendresse !

Disoit-il, quand le sort luy presente un
amant,

Qui comme moy plein d'esprit, d'a-
grément,

Y joint encor le credit, la richesse;

Puis les Belles jamais ne m'ont refusé
rien.

Mais Nantide pourtant quand tu seras
ma femme,

Si quelque beau Blondin t'alloit sedui-
re l'ame ?

Non j'y mettrai bon ordre, & te gar-
derai bien.

Ensuite il fait projet de faire

Aprés son mariage enrager son beau
pere.

En donnant la torture aux loix:

Il veut s'approprier l'usage,

Des restes délabrez de son riche heritage.

Dont ſes tours chicanneurs multipliront
   les droits
      Plus d'une centaine de fois.
      Car quoy qu'il aimât fort Nantide
      Il eut été dans un grand deſeſpoir
De ſigner un contrat ſans en rien rece-
   voir,
Ou ſe flater du moins de quelque gain
   ſordide.
      Cependant du Seigneur Ernoux
Il avoit mille fois recû de bon offices,
Des preuves de bontez, & d'obligeans
   ſervices,
Dont il eût dû garder un ſouvenir bien
   doux.
      Lors que par l'horreur de la guerre;
La Champagne avoit vû ſon peuple
   deſolé,
Le Baron par trois fois de ſa plus belle
   terre
Preſerva le Château d'être pillé,
   brulé
Il fit encore plus, Artaut dans un
   Village
Se trouvant ſottement pour quelque
   beau menage;
Fut par les ennemis enlevé priſon-
   nier:

Ernoux qui vit sous sa conduite
Un party de Soldats d'élite
Courut, le délivra, sans que d'un seul
denier
Artaut remerciât les Soldats de sa suite.
Ernoux pour apaiser les Soldats mal con-
tens
Les fit amplement boire à les propres
dépens.
Artaut de sa rançon épargnant les pis-
toles
Fut prodigue en belles paroles,
Et dit au bon Seigneur qu'il n'oubli-
roit jamais
Ses secours obligeans, ses genereux bien-
faits.
Plus on a l'ame grande & bonne ;
Et plus on est facile à se laisser duper.
Par cet endroit plus que personne
Ernoux fut propre à se laisser trom-
per.
Ainsi lorsque depuis sa triste decadance
Il vit venir Artaut souvent dans son
logis,
Il crut que ce Bourgeois plein de recon-
noissance
Etoit vraiment de ses amis.
Car il ignoroit la menée

Qu'il tramoit touchant l'Himenée
Qu'il vouloit faire avec sa chere enfant.
    Quoyque Nantide de son pere
Connût la grandeur d'ame, & l'amitié
    sincere,
Elle avoit empêché qu'il n'en eust eu
    le vent,
De peur que par hazard il n'approuvât
    l'affaire
    A cause du besoin pressant.
'Au Barbon cependant elle fit froide mine;
    A la Suivante il s'en plaignoit
Qui disoit fortement que cela ne venoit
Que de ce qu'elle étoit chagrine.
    En attendant sa bonne humeur,
Pour se dedommager, ce fantasque rê-
    veur,
    S'avisa de conter sornette
    A l'officieuse Soubrette,
    Qui l'écouta sans aigreur,
    Tant elle aimoit la fleurette;
    Car à s'expliquer sans détour
Ce vieux crasseux étoit un remede d'a-
    mour.
Pourtant pour ses écus toûjours pleine
    de zele
En sa faveur encore elle prêcha la
    Belle

                              Et

Et n'y gagna pas plus que l'autre
    fois
Plus que jamais, ardent, fidele,
  Imbert attaché ſous ſes loix
Sembloit ne vivre que pour elle:
Ainſi ſans nul égard elle prôna bien
    haut
  Son amour pour Imbert, ſa haine
    pour Artaut,
Et deffendit à ſa Soubrette
De lui parler jamais de cet affreux objet:
  La fripone étant fort adroite
  Euſt bien-tôt changé de projet;
Et reſolut du moins de tirer une ſomme
    Par détour de ce vilain homme,
    Pour prix de ſes ſoins empreſſez,
Qui ſeroient ſans cela fort mal recom-
    penſez.
Ainſi quand il parla de ſa flame amou-
    reuſe,
Et du fonds qu'il faiſoit ſur ſon adroit
    eſprit:
  Elle luy dit d'un air contrit,
Que Nantide vouloit être Reli -
    gieuſe,
Et brûloit de l'ardeur d'avoir l'occaſion
    De ſuivre ſa vocation.
Il luy prend là, dit-il, une ſubite envie.

Mais n'eſt ce point plûtôt une tendre
   paſſion
Qui la porte à chercher un tel genre
   de vie?
Non dit-elle, ce n'eſt que par devo-
   tion :
Depuis un certain temps nuit & jour
   elle prie ;
Et comme un zele ardent avec elle me
   lie
On me verra guimper par imitation.
Tu parois trop de ſens, trop jeune, &
   trop jolie
Pour faire, dit Artaut, une telle folie :
Et ce n'eſt pas auſſi d'aujourd'huy que
   je croy
Ta maîtreſſe moins belle, & plus ſote
   que toy ;
Ce freluquet d'Imbert, qui vient tant
   chez ſon pere
     Peut-être aura trop ſû luy plaire.
     Tels breteurs n'ont jamais un ſou:
     Ernoux n'étant pas aſſez fou
     Pour vou'oir luy donner ſa fille
Elle ira ſotement s'enfermer d'une
   grille.
     Ah ! que vous êtes entêté
     Reprit bruſquement la Suivante,

Je vous l'ai déja dit c'est pure pieté.

 Que cela soit, ou non , charmante ,

Repliqua le Barbon de son ton radoucy ;

Si tu veux seulement m'être un peu com-
 plaisante

  Je me moque de tout cecy.

  Je voy bien, Monsieur luy dit elle,

  Que vous ne me connoiss z pas

  Malgré ma gayeté naturelle

  Je n'en ai pas le cœur plus bas ,

De ma maîtresse enfin je veux suivre les
 pas.

Quoy qu'Artaut en eût dit ayant martel
 en tête ,

  Dés que la nuit vient il s'apprête

  Pour entrer au logis d'Ernoux :

Il croit que sa fille aime : Ergo les ren-
 dez-vous

Sont frequents pour celuy qui sait charmer l'ingrate.

Les brutaux comme luy pleins de grossiers projets

Ne peuvent concevoir qu'on puisse aimer jamais

  D'une tendresse délicate,

Il prétend cette nuit que la vengeance
 éclate ;

Il crut y reüssir gagnant heureusement

Le jardin où donnoit plus d'un apparte-
ment.

    Cette nuit-là n'étoit pas brune,
    Il faiſoit un beau clair de lune ;
    Ainſi comme il portoit ſes pas
    Devers un appartement bas,
    La Suivante le vit paroître
    Heureuſement de la fenêtre.

Le reconnoiſſant bien elle ne manqua
pas,

    De juger par quelle avanture
    On voyoit ſa ſote figure,

Et comme en cas pareils elle avoit de
l'eſprit

    Plus qu'un démon à ce qu'on dit,
    Elle conceut à l'heure même
    Dans ſa cervelle un ſtratageme
    Propre à berner ce vieux jaloux,

Et propre à diſculper ſon aimable Maîtreſſe

Dont la gloire toûjours fortement l'in-
tereſſe :

Enfin bon à tromper le plus ruſé des
foux :

Ayant donc vu ſans en être aperceuë,
    Que ce vieux fripon s'approchoit
    Des fenêtres tant qu'il pouvoit.

Du moment qu'elle crût pouvoir être entenduë,

Elle se mit à caqueter
Pour luy donner lieu d'écouter.
C'étoit tout ce qu'il pouvoit faire
Dans cette salle basse étoit de la lumiere;
Mais les vollets étoient fermez
Ecoutant donc glapir une voix écla-
tante
Il connut que c'étoit celle de la Sui-
vante;
Ce qui calma fort peu tous ses sens
a'armez
Qui pour deux à la fois se trouvoient
enflâmez.
Il entendit que d'un ton de colere,
Elle disoit, Imbert, vous ne sauriez me
plaire,
Malgré tous vos airs doucereux;
Je vous l'ay déja dit, laissez moy je vous
prie,
Je n'entendray pas raillerie
Vous n'êtes qu'un coquet fort gueux:
Puis malgré mon humeur & malgré ma
franchise
Je ne serois pas fille à faire une sotise
Et fortement il me déplaît
De vous voir à l'heure qu'il est:
A cause que Monsieur vous aime & vous
caresse

Vous croyez avoir ma tendreſſe.
Oh ! qu'il n'en ſera pas ainſi,
Décampez donc vîte d'icy ;
Ou je feray grand bruit afin que tout
s'éveille.
Alors elle ſe tut : Artaut prétant l'oreille
Plein d'impatience attendoit
Ce qu'Imbert luy repartiroit.
Son attente fut vaine il ne put rien en-
tendre
De ce que le Blondin luy dit.
Mais auſſi-tôt elle reprit
Souvent on eſt puny d'oſer trop entre-
prendre :
C'eſt en vain que vous parlez bas
Je m'en vais faire un beau fracas.
Vous, promeſſe de mariage !
Et vous n'avez le bien ni l'âge :
Si vous étiez bien riche & fort maître
de vous
Je vous accepterois volontiers pour é-
poux.
Mais ſans cela point de nouvelle :
Me donner vôtre foy c'eſt pure baga-
telle,
Car je ne veux pas l'accepter.
Elle ſe tut, puis dit, que venez-vous
conter?

Et bien oüi, plus que vous je l'aime,
Il est riche & poté, sage dans ses dis-
cours,
Ses honneurs croissent tous les jours;
Et je ne feindray pas de vous dire à vous
même,
Qu'en dépit de son âge il auroit mes
amours,
S'il m'offroit comme vous une bonne
promesse
Qui me prouvât bien sa tendresse.
Elle se tut encor pendant quelque
moment,
Et puis reprit fort brusquement
Je ris de tels discours; he bien bien, s'il est
chiche
Il deviendra toûjours de plus riche en
plus riche.
Je le repete encor que mon fort seroit
doux,
Si du Seigneur Artaut j'avois sû gagner
l'ame
Jusqu'à me voir un jour sa femme,
Que je serois heureuse avec un tel é-
poux !
Artaut ne se sentant pas d'aise
Sentoit dans son poitrail encor creître la
braise

N iiij

Qui le brûloit déja pour cet objet
  charmant.
Elle prônant toûjours sur son ton ve-
  hement,
Poursuivit en disant, hé bien je vous
  pardonne.
  Une entreprise si friponne
  Si vous voulez, mais promptement
  Sortir d'icy si finement
Que vous ne puissiez être apperceu de
  personne.
Lors marchant avec bruit on se mit en
  devoir
D'ouvrir porte & fenêtre; afin, dit-on, de
  voir
Si tout dans le jardin étoit en solitude.
Artaut se met à fuir rempli d'inquie-
  tude,
  En se recommandant à Dieu.
Tous les Buissons luy sont un objet de
  chimere:
Et sans cesse il se dit, quelle affreuse mi-
  sere
S'il faut être d'Imbert rencontré dans ce
  lieu?
Enfin tout essoufflé d'avoir couru si vîte,
Il quite les jardins & regagne son gîte.
  Lors délivré de sa frayeur

Il ſe livre à la joye & repaſſe en ſon
  cœur
     Les mots flateurs de ta Suivante ;
Et ſa forte habitude au métier de voleur
     L'entraînant toûjours dans ſa pente
Il ſonge à luy voler au plûtôt ſon honneur.
     Pour ne pas languir dans l'attente,
     Tout auſſi-tôt qu'il fait grand jour,
     Il va luy conter ſon amour,
Et luy dit que l'ardeur de ſa flâme brûlante
     Luy donne lieu de tout oſer
Et que malgré le Prince il la veut épouſer.
     Il ajoûte qu'il faudra faire
     Avec grand ſecret cette affaire :
Puiſque depuis deux jours il vient de
  s'excuſer
     D'épouſer une aimable fille,
Fort riche & d'une illuſtre & nombreuſe
  famille
Qui du Comte toûjours ſe vît favo-
  riſer;
Mais qu'il veut cependant bien prouver
  ſa tendreſſe
     A ſa chere maîtreſſe :
     En attendant le jour heureux ;

Qu'il l'époufe en public felon fes plus
  doux vœux :

Luy donnant une bonne & fidelle pro-
  meffe :

Mais qu'il prétend auffi, tant fon ardeur
  le preffe ,

    Qu'aprés on couronne fes feux.

    Quoique cette jeune Suivante

Fût bien loin du deffein dans le fonds
  de fon cœur ,

    De rendre cette ardeur contente ,

Elle donna dans tout ce que dit le ré-
  veur.

    Ah ! qu'elle fe faifoit de joye

D'attraper ce papier de cet Avare efprit,

    Efperant bien par cet écrit

Tirer du vieux bouru groffe piece ou
  monnoye.

La finette difoit, Par tout ce qu'il a dit,

Je voy que ce fripon croi me prendre
  pour dupe :

    Mais il verra le radoteux ,

Quoyqu'à favoir fourber nuit & jour
  il s'occupe,

Qui fera dans cecy la dupe de nous deux.

    Artaut qu'un foin preffant engage

    La quitte & va dés le moment

    Compofer le beau grifonnage

D'une façon de mariage.
Rien n'étoit comparable à ſon raviſſe-
ment,
  S'imaginant que la Soubrette,
  Comme elle étoit vive & folette ;
  ſIroit juſqu'au bout aiſément.
La promeſſe au fripon ne fait aucune
 peine ;
Il ſe dit qu'un procez ſaura la rendre
 vaine.
  Ainſi content & plein d'eſpoir
  Il s'en retourne dés le ſoir
  Faire un preſent à ſa maîtreſſe
  De ſa ſçelerate promeſſe.
  Elle l'écoute doucement,
Prend ſon papier le ſerre promptement,
  Mais lors qu'elle voit qu'il s'apprête,
  De ſe donner le droit de venir fre-
   quemment
  Luy conter ſes feux tête à tête ;
  Elle luy répond froidement,
  Quoyque toûjours obligeamment
Qu'il faut qu'auparavant ſe celebre la
 fête
  De leur Hymen quoyque caché
  Afin que rien ne luy ſoit reproché,
Il feint de conſentir à ce qu'elle de-
ſire ,

Quoyqu'il prétende bien fans cela la
feduire.

      Cependant le Seigneur Ernoux ,
Que toûjours la fortune accable de fes
coups ,
    Croyant Artaut plus honnête homme
    Qu'on ne le dit en mille endroits :
Va fort civilement prier ce vieux Bour-
geois
De vouloir luy prêter une legere fomme :
Cet indigne mortel qu'il obligea cent
fois ,
    Non feulement n'en veut rien faire ;
    Mais reçoit fort mal fa priere.
      Ainfi le cœur outré d'ennuy
      Le bon Seigneur s'en retourna chez
      luy
      Conter fa douleur à Nantide :
Comme elle avoit l'efprit auffi vif que
folide
Elle le confola , luy tenant ce difcours :
    Du malheur qui nous accompagne
    Nôtre grand Comte de Champagne
      Pourra feul arrêter le cours.
    Vous connoiffez fa bonté, fa largeffe,
Implorons-la, Seigneur, dans l'ennuy qui
nous preffe.
Le Baron, de Nantide approuvant le con-
feil ,

Prend ſon temps, & ſuivi de ſon aimable
fille,
Qui malgré ſon chagrin de mille graces
brille,
Trouve lieu d'aborder le Prince à ſon re-
veil.
    Il croioit ce temps favorable
Pour trouver à la Cour moins de faquins
d'eſprits ;
Cependant par un ſort qu'il trouva dé-
plorable,
Artaut dont la preſence & l'irrite &
l'accable
Entretenoit déja le Souverain d'Edits.
    Malgré la preſence importune
    De cet indigne favory
    De la trop aveugle fortune :
Ernoux ne laiſſa pas d'expoſer à Henry
    Et les diſgraces & les pertes
Que ſa triſte maiſon a depuis peu ſouf-
fertes ;
Il luy peint le ſoucy, dont il eſt agité :
    Diſant qu'il n'eſt point de remede
    A la douleur qui le poſſede
    Qu'en ſa genereuſe bonté.
Artaut que ſa faveur rendoit plein d'in-
ſolence,
    Sans donner au Comte le temps

De pouvoir d'un feul mot marquer fes
    fentimens ;
Dit au Seigneur Ernoux d'un ton plein
    d'arrogance ,
      Qu'il le trouvoit bien imprudent
      De venir démander au Prince,
Qui par fes trop grands dons étoit de la
    Province
    Le Seigneur le plus indigent ,
Et manquoit de reffource auffi-bien que
    d'argent :
      Qu'ainfi c'étoit une harangue vaine
      De venir demander du bien
A qui pour trop donner ne poffedoit plus
    rien.
Le Comte le laiffant achever avec peine,
Luy dit d'un ton moqueur, daignez me
    pardonner ,
      Monfieur le vilain * mon audace
      D'ofer vous démentir en face :
Mais vous vous trompez bien, j'ai fort de
    quoy donner,
      Quand ce ne feroit que vous même
      Dont je prétends tout à prefent
      A ce Baron faire prefent.
    Saififfez cet Avare extrême

---

* Terme du difcours du Comte de Champagne raporté
   par Joinville.

Dit le Comte au Seigneur Ernoux,
Enfermez le dés mieux ſous grilles &
& verroux ,
Faites luy bien faire carême,
Tant qu'il vous ait donné d'argent un
bon amas
Pour finir tous vos embarras.
Ce vieux fourbe dans mes finances
A volé des ſommes immences
De tous mes droits je vous fais don
Faites-les valoir tout de bon.
Ernoux charmé de la maniere
Et genereuſe & ſinguliere
Dont le Souverain l'obligeoit
Emmene Artaut qui fremiſſoit
De depit, de honte & de rage:
Et tout d'abord le met en cage ,
Dont ſes ſoins pour ſortir furent tous
ſuperflus
Qu'il n'eût au vieux Baron donné cent
mille écus,
Dont il fit une dote à ſa fille charmante.
Ce n'eſt pas tout: La finetteSuivante,
Voiant le vieux pillart dans cet état re-
duit
De ſa promeſſe fait grand bruit,
Et dit qu'il faut qu'un mariage
Pour le laiſſer ſortir ſa parole dégage.

Quoyqu'elle affectât grand couroux
Elle n'espéroit pas l'obtenir pour Epoux
Et vouloit seulement tirer de ce riche
　　homme
Par son bruit quelque grosse somme.
　　Il arriva que le succés
　　Surpassa beaucoup ses souhaits.
　　Le Comte informé de l'affaire
　　Et las de plus d'un mauvais tour
Que faisoient frequemment les brigans
　　en amour,
Voulant qu'à l'avenir on leur fût plus
　　severe,
Sans écouter Artaut qui vouloit s'excu-
　　ser,
Ordonna qu'auplûtôt il eût à l'épouser.
　　Ainsi la justice du Comte
　　Jointe à sa liberalité,
　　D'une maniere vive & promte
De Nantide & d'Imbert fait la felicité,
Ainsi le fourbe Artaut qui prétendoit se-
　　duire,
　　Ne trouve pas sujet de rire,
　　Voyant que sans raisonnement
　　Il faut qu'il aille promptement
　　Epouser une simple fille
　　De la plus obscure famille,
　　Sans rang, sans credit, sans écus,
　　　　　　　　　　Et

Et fort gaillarde par deſſus.
Les deux jeunes amans ſe livrent à la
joye
 Et pour celebrer les beaux nœuds
 Dont l'Hymen les unit tous deux ,
On voit de tous côtez briller l'or & la
ſoye.
Tout le monde à la Cour d'eux paroît
enchanté ,
On aplaudit leur air , leur generoſité,
Et du Prince par tout on vante la lar-
geſſe.
 Ernoux eſt comblé d'allegreſſe ,
 La Suivante en a plus encor
D'épouſer un Creſus, qui malgré la reſ-
ſource
 Qu'on vient de puiſer dans ſa bourſe
 Eſt cependant tout chargé d'or.
 Le ſeul Artaut accablé de triſteſſe,
 Outré , deſeſperé , confus ,
De voir tous ſes bons tours & ſes vols
ſuperflus ,
Tombe aprés ſon Hymen en ſi grande
détreſſe
 Qu'il s'en va: mais tres-bruſquement
 D'un plein ſaut dans le monument.
 Et laiſſe veuve la Soubrette
Qui dans le fond du cœur ſent un plai-
ſir bien doux.   O

D'être riche & fi tôt deffaite
De fon vieux Avare d'Epoux.
Tel eft toûjours le deftin d'un Avare,
Qui débauché, fourbe, bizarre,
Ne fonge qu'à remplir fes injuftes defirs
Par la richeffe & les brutaux plaifirs :
Le Ciel pour fes forfaits plein d'une
horreur étrange
Enfin feverement fe vange.

F I N.

LES
ENCHANTEMENS
DE L'ELOQUENCE
OV
LES EFFETS
DE LA DOUCEUR.
NOUVELLE.
A MADAME LA DUCHESSE
D'EPERNON.

VOUS voulez donc, belle
Duchesse , interrompre
pour quelques momens
vos occupations serieuses & sçavantes , pour écouter une de ces
Fables gauloises , qui viennent a-
paremment en droite ligne des

O ij

Conteurs ou Troubadours de Provence, si celebres autrefois. Je sçai que les esprits aussi grands & aussi bien faits que le vôtre ne negligent rien ; qu'ils trouvent dans les moindres bagatelles des sujets de réflexions importantes, que tout le monde n'est pas capable d'y découvrir ; & je ne puis même m'empêcher de croire que vous en ferez une dés l'abord. Vous vous étonnerez sans doute, vous que la sçience la plus profonde n'a jamais étonné, que ces Contes tout incroiables qu'ils sont, soient venus d'âge en âge jusqu'à nous , sans qu'on se soit donné le soin de les écrire.

Ils ne sont pas aisez à croire :
Mais tant que dans le monde on verra des enfans,
Des meres & des mere-grands ,
On en gardera la memoire.

Une Dame tres - instruite

des antiquitez Greques & Romaines, & encore plus savante
dans les Antiquitez Gauloises,
m'a fait ce Conte quand j'étois
enfant, pour m'imprimer dans
l'esprit que les honnêtetez n'ont
jamais fait tort à personne, ou
pour parler comme le vieux
proverbe, que *beau parler n'é-
corche point langue*, & que souvent,

Doux & courtois langage
Vaux mieux que riche heritage.

Elle s'efforçoit de me prouver la verité de cette maxime
fort sensée, quoique Gothique,
par l'Histoire tres-merveilleuse
que je vais vous raconter.

Dans le temps où il y avoit
en France des Fées, des Ogres,
des Esprits Folets & d'autres
Fantômes de cette espece (Il est
difficile de le marquer ce temps-

là : mais il n'importe) Il y avoit un Gentilhomme de grande confideration qui aimoit paſſionnément ſa femme (& c'eſt ce qui fait encore que je ne puis deviner quel temps c'étoit) Sa femme ne l'aimoit pas moins : il étoit bon homme : il le meritoit. Ils vécurent donc aſſez heureux durant quinze ou ſeize ans : mais la mort les ſépara. La Dame mourut & ne laiſſa qu'une fille unique.

Elle avoit été tres-belle ; ſa fille ne le fut pas moins , & avec mille agrémens qui parurent dés ſon enfance , elle avoit le teint d'une blancheur ſi ébloüiſſante qu'on en forma ſon nom , & qu'on la nomma Blanche.

Sa mere n'avoit point eu de bien : mais ſon pere en avoit eu beaucoup : cependant il n'en a-

voit plus quand sa femme mourut ; parce que ses affaires a-
voient mal tourné pendant son
mariage ; & sa fille se voioit réduite à n'avoir pour toute dot
que sa blancheur & sa beauté ;
ce qui d'ordinaire n'est pas d'un
grand secours pour faire trouver un parti considerable.

Le pere de Blanche étant fort
affligé de la mort de sa femme,
crût qu'il n'en seroit point consolé jusqu'à ce qu'il en eût une
autre ; & comme sa fille luy paroissoit assez jeune pour avoir
le temps de luy chercher un é-
tablissement à loisir, il conclud
qu'il faloit premierement penser
à luy , & il songea sérieusement
à fixer son choix. Le mauvais
état de ses affaires le fit pen-
cher du côté de la richesse : ainsi
il s'attacha à une veuve qui n'é-

toit ni belle ni jeune : mais tres-
opulente.

Cette femme n'avoit qu'une
fille unique non plus que luy,
& elle étoit veuve d'un Finan-
cier qui n'avoit oublié aucun
des tours de son métier pour
parvenir au comble de la richeffe, & il y avoit reüffi. Ils n'a-
voient rien à fe reprocher fur
la naiffance : auffi le point d'honneur ne mit jamais de divifion
entr'eux : mais comme elle a-
voit confervé avec foin les fentimens & la maniere de la famille dont elle étoit, elle avoit
donné à fa fille une éducation
pareille à celle qu'elle avoit euë ;
& fa fille étant d'un caractere
rude & fort propre à recevoir
des impreffions groffieres, il n'eft
prefque pas poffible de voir deux
perfonnes plus populaires & plus
ruftiques

ruſtiques qu'elles étoient. D'ans
ce caractere elles ne laiſſoient
pas d'être toutes deux remplies
d'une ambition outrée, mais mal
entenduë : elles avoient des idées
ſi ridicules qu'elles faiſoient cent
extravagances, où l'on voyoit à
découvert les égaremens que leur
faſte & leur vanité leur inſpi-
roient.

Avec ces diſpoſitions, il eſt
aiſé de juger que le pere de Blanche, qui portoit le titre de Marquis, fut écouté de la veuve
avec joye, & que l'envie d'a-
voir un grand nom luy fit faire
le mariage en fort peu de jours.
Son nouvel Epoux, qui n'avoit
enviſagé que ſon bien en l'é-
pouſant, vit avec beaucoup de
chagrin dés qu'il fut marié, combien les défauts de la Marquiſe
qu'il avoit faite étoient en grand
nombre & fatigans : mais com-

me il aimoit naturellement la
paix avec tout le monde, & que
d'ailleurs il étoit d'un caractere
à se laisser gouverner par sa
femme, telle qu'elle fût ; il vé-
cut fort bien avec elle, à condition qu'il se mît sur le pied de
ne la contredire jamais & de la
laisser maîtresse absoluë en toutes choses. Il se consoloit de son
humeur incommode par les douceurs que luy produisoit le grand
bien qu'elle luy avoit aporté : il
suportoit ses emportemens en
Philosophe ; & quand il la
voyoit trop en train de crier,
comme il aimoit la lecture, il
s'en alloit lire dans son cabinet.

Il n'y avoit que l'aimable Blanche qui fût entierement à plaindre. Sa belle mere avoit pour
elle une aversion inconcevable ;
elle étoit au desespoir de voir
que sa beauté faisoit encore pa-

roître la diformité de fa fille,
& la rendoit le mépris de tout
le monde : car Alix (c'eft ainfi
qu'on nommoit la fille du Fi-
nancier) étoit un monftre en laideur, auffi-bien qu'en groffiere-
té. Cependant telle qu'elle étoit,
fa mere ne laiffoit pas de l'aimer jufqu'à l'idolatrie : elle auroit tout facrifié à fa fatisfaction;
& pour mettre le comble au malheur de Blanche, Alix la haïf-
foit encore cent fois plus que
fa mere. Elle emploia donc tous
les moyens imaginables pour
la chagriner : la mere vouloir
que Blanche fût mife dans un
Convent : mais Alix qui s'étoit
mife en tête de la voir toûjours
la victime de fes caprices, dé-
tourna fa mere de ce deffein ;
craignant que lors que Blanche
ne feroit plus fous leurs yeux,
quelque amie officieufe ne mît

son merite dans tout son jour, & ne luy procurât quelque établissement éclatant, ce qu'Alix aprehendoit plus que la mort.

Il fut donc resolu que Blanche resteroit au logis & qu'elle ne feroit aucune visite, ni n'en recevroit aucune : On prit des mesures pour la cacher avec soin à tous les honnêtes gens, & afin de ternir sa beauté, on l'obligea de s'occuper aux emplois des femmes de chambre, des femmes de charge, même des cuisinieres,

Si je voulois, Madame, vous conter cette Histoire entierement dans les termes que les Conteurs de Provence l'ont apprise à nos grand-meres, je vous dirois mille particularitez étonnantes de l'adresse de Blanche; mais il est inutile: je vous dirai seulement que par une docilité

admirable , bien rare dans une
si belle personne , elle avoit la
complaisance de s'emploier à
tous les travaux désagreables
que sa Belle-mere luy prescrivoit;
que Blanche mettoit tout ce
qu'elle touchoit dans tout son
lustre; & que jamais personne
n'avoit sû si bien qu'elle gau-
dronner des fraises & dresser des
collets-montez. Elle s'aquitoit si
habilement de toutes ces choses,
que je suis sûre que si elle eût
vécu dans ce temps-cy, elle auroit sû parfaitement faire aller
les rayons , & se seroit attirée
une grosse cour de tant de femmes qui sont à tous momens
dans un chagrin mortel que leur
rayon opiniâtre n'est pas dans
toutes les formes , quelques
soins qu'elles se soient donné d'en faire faire des preuves
de justesse à leurs toilettes.

Blanche auroit donné à cet ornement, si utile aux Belles du païs des Pigmées, toute sa simetrie, & auroit encore encheri sur Me D..... avec qui aucune Coquette n'oseroit se broüiller; parce qu'elle a l'heureux talent de se mieux coifer, & de mieux monter des cornettes que toutes les faiseuses de l'univers. Cette belle prerogative luy attire l'admiration & les complaisances d'un grand nombre de femmes, à cause qu'elle leur fait part de ses coifures & qu'elle leur tourne la tête comme elle l'a tournée. Mais laissons ces remarques pour continuer nôtre Histoire.

Non-seulement on donnoit mille fatigues à Blanche; mais on la laissoit dans une négligence qui auroit été jusqu'à la malpropreté la plus dégoûtante,

fans les difpofitions naturelles
qu'elle avoit à être propre de
quelque maniere qu'elle fût ha-
billée : ainfi malgré le foin qu'on
prenoit de luy donner des habits
qui puffent la déforner , tout luy
feoit ; fa coifure plate & fon vê-
tement de groffe . ferrge n'empêchoient pas qu'elle ne parût
belle comme l'Amour ; pendant
qu'Alix toute couverte d'or &
de pierreries, & avec une coifure la plus étudiée, faifoit peur
à tous ceux qui la regardoient :
car l'excés de fa parure ne la
rendoit que plus laide & de plus
mauvais air.

Cependant elle ne pouvoit refter chez elle : On la voyoit inceffamment aux promenades ,
aux fpectacles, aux bals : elle ne
pouvoit fe laffer d'étaler fa pompe dans tous ces lieux : mais fi
elle trouvoit du plaifir à s'attirer

les regards de quelques Bour-
geoifes, elle étoit d'ailleurs bien
mortifiée d'entendre à tous momens les Pages ou les Moufque-
taires de ce fiecle-là, qui luy
difoient derriere elle les veritez
les plus piquantes : Car dés ce
temps beaucoup de Moufquetai-
res, d'Academiftes, de jeunes
Officiers, & d'autres étourdis a-
voient la ridicule habitude de
venir regarder au nez à toutes
les femmes qu'ils voyoient un
peu parées, & d'en dire tout haut
mille impertinences quand ils ne
les trouvoient pas belles à leur
gré. Ainfi on peut juger combien ces jeunes foux exerçoient
le beau talent qu'ils ont de faire de froides railleries, quand
ils voyoient la figure rebutante
d'Alix : mais ce qu'on ne peut
pas imaginer aifément, eft qu'elle fe vangeoit fur Blanche des

infultes qu'elle avoit receuë : fe
figurant que s'il n'y avoit point
de Belles au monde , la laideur
ne feroit pas expofée à de pareils mépris , elle redoubloit fon
averfion pour cette aimable perfonne , & engageoit fa mere à luy
donner de nouveaux chagrins.

Malgré la douceur naturelle
de Blanche tant de mauvais trai-
temens l'aigriffoient quelquefois
fi fort , qu'elle faifoit deffein de
fe tirer de cette maifon à quelque prix que ce fût : mais la
haine qu'elle avoit pour les é-
clats , l'amour qu'elle avoit pour
fon pere & l'efperance de trouver quelque occafion de fortir
avec bienfeance de fon efclavage , luy ôtoient la réfolution
d'en fortir en faifant du bruit.
Elle fe preparoit donc de nouveau à la patience , & fon pere
qui l'aimoit beaucoup ; mais qui

n'avoit pas la fermeté de s'opo-
ser aux manieres barbares qu'on
avoit pour elle, adoucissoit ses
chagrins en les partageant, loüoit
sa vertu & la consoloit en luy
promettant de la part du Ciel,
qu'elle se verroit un jour dans
un état plus heureux. Ces con-
solations soutenoient la constance de Blanche dans ses malheurs : cependant comme la so-
cieté & toutes sortes de divertissemens luy étoient interdits,
elle trouva moyen d'en prendre
dans sa chambre par la lecture.
Elle amassa un grand nombre
de Romans, je ne sai de qu'elle
maniere : cependant elle n'en
eut pas toute la satisfaction
qu'on pourroit croire : parce
qu'elle ne pouvoit lire que la
nuit, sa Belle-mere l'occupant
sans relâche tant que le jour
duroit. Mais quoiqu'il falût re-

trancher de son sommeil pour avoir le temps de lire, cela ne l'en empêchoit pas : elle croioit se reposer en lisant, & quand elle pouvoit dérober de jour quelques momens, elle retournoit avec empressement à ses livres.

Sa Belle-mere qui l'observoit sans cesse, prit des ombrages de l'ardeur qu'on luy voyoit pour être seule dans sa chambre ; & voulant s'éclaircir de ce qui l'y atiroit si puissamment, elle l'y surprit un jour comme elle étoit sur un des plus beaux endroits d'un Roman aussi-bien écrit qu'agreablement inventé. La Marquise auroit dû être toûchée de voir le divertissement innocent où Blanche s'étoit reduite : mais quoyqu'elle sût à peine lire, elle se jetta sur le livre & le luy arracha des mains;

& aprés en avoir lû le titre a-
vec beaucoup de difficulté, parce que c'étoit un nom Grec fort
rebarbatif & qu'elle prononça
tres-mal, elle comprit enfin que
ce livre étoit un Roman, & elle
commençoit à faire un étrange
vacarme à Blanche, quand par
bonheur pour la pauvre fille,
son pere entra dans la chambre.
Sa femme sans luy donner le
temps de parler, luy dit en criant
de toute sa force, hé bien! Monsieur le Rafineux, avec toutes
vos chiennes de raisons sucrées,
ne voila-t-il pas comme vous a-
vez bien élevé vôtre penon de
fille ? Je viens de la surprendre
qui lisoit un livre d'amour en
Catimini. Le Marquis qui se
trouvoit ce jour-là un peu plus
de courage qu'à l'ordinaire,
répondit à sa femme aprés avoir
regardé le livre : Blanche fait

fort bien de se divertir de cette lecture : Vous luy ôtez tous les plaisirs : elle ne peut pas mieux faire que d'en prendre un qui luy donnera de l'ouverture d'esprit & de la politesse : Je suis ravi quand je vois les filles de qualité s'occuper à lire ; si elles s'y appliquoient toutes, on ne les verroit pas si embarassées de leur loisir ; elles ne couroient point tant de spectacle en spectacle, & de berlan en berlan. La Marquise qui savoit bien que sa fille étoit aussi avide du Jeu que de tous les autres plaisirs, crût que son Epoux avoit en veuë d'attaquer Alix dans ce qu'il venoit de dire ; ainsi elle reprit en haussant encore d'un ton, Vraiment j'en suis d'avis, qu'on voulût empêcher que des femmes de qualité, qui ont du bien à milliers, ne se divertissent à leur fantai-

fie : cela eft bon à des gueufes,
qui font d'une nobleffe ruïnée,
de fe retrancher tous ces plaifirs-
là : mais à des Dames qui ont
plus de piftoles que ces falopes
n'ont de deniers, il leur eft permis de faire tout comme bon
leur femblera. Pour les Demoi-
felles qui n'ont pas le fol, elles
ne doivent fçavoir que le ména-
ge & s'y occuper toûjours : au
moins, fi elles veulent faire les
lifeufes, il faut que ce foit dans de
bons livres, & non pas dans ceux
où l'on apprend la malice. On n'a-
prend point la malice, reprit bruf-
quement le pere de Blanche, dans
les beaux Romans que je voi que
ma fille lit ; car il en avoit été en
goût plus qu'elle & il les aimoit
bien encore : au contraire, dit-il,
on n'y trouve que de grands fentimens, que de beaux exemples :
on y voit toûjours le vice puny,

toûjours la vertu recompenfée;
& même l'on peut dire, que
pour les perfonnes bien jeunes,
la lecture des Româns eft en quelque façon meilleure que celle
de l'Hiftoire même ; parce que
l'Hiftoire étant entierement af-
fujettie à la verité , préfente
quelquefois des images bien choquantes pour les mœurs : l'Hiftoire peint les hommes comme
ils font , & les Romans les ré-
prefentent tels qu'ils devroient
être , & femblent par là les engager d'afpirer à la perfection :
du moins on ne peut pas nier
que les Romans bien faits n'a-
prennent le monde & la politeffe du langage : Blanche a déja affez de difpofition à parler
jufte, & j'efpere que la lecture
de ces agreables ouvrages ache-
vera de luy en donner l'habitude. La belle-mere qui n'en-

tendoit rien à cette Philosophie
& qui étoit une mauſſade créature, qui ne prétendoit pas relâ-
cher rien de la ſeverité qu'elle
avoit pour Blanche, ne put laiſſer achever l'apologie des Romans que le Marquis alloit continuer ; car il étoit Grec ſur ce
ſujet. Quel chercheux de midy
à quatorze heures? repliqua-t-elle.
Merci de ma vie ! que vôtre fille
liſe tout ſon ſaoul ; puiſque ce
jeu luy plaît & à vous auſſi:
mais ſi les affaires de ma maiſon ne ſont faites auſſi ponctuel-
lement qu'à l'ordinaire, je ſau-
rai bien la faire tourner au bout.
Elle les quitta, & cette belle converſation finit de cette maniere.

Vous trouverez peut-être,
Madame, que le pere de Blanche étoit un peu trop prévenu
pour les Romans, vous qui ne
vous occupez que des lectures
sublimes,

fublimes : je ne fçay pas ce que
vous en penferez ; mais je ne
vous dirai pas non plus ce que
j'en penfe : je raconte feulement
ce que porte ma Chronique : je
fuis Hiftorienne ; & une Hiftorienne , auffi-bien qu'un Hifto-
rien , ne doit point prendre de
parti. Ne badinez pas, je vous
prie, fur ces reflexions : car fi
vous alliez perdre vôtre ferieux
vous me feriez perdre le mien.
auffi. Cependant j'en ay bien
befoin pour avoir la force de vous
raconter tranquillement la fuite
de cette furprenante Hiftoire.

Le pere de Blanche ne fe
trompa point : cette belle fille
joignit en peu de temps une politeffe achevée à fa douceur naturelle : on ne peut pas s'exprimer avec plus d'agrément &
plus de jufteffe qu'elle faifoit,
foit par le commerce qu'elle eut

avec les productions de l'esprit,
soit par quelque autre raison.
Alix ni sa mere n'envierent point
ces nouueaux avantages : elles
étoient trop grossieres pour sentir la delicatesse de ce qu'elles
luy entendoient dire ; ainsi elles
continuerent seulement d'être
blessées de ses agrémens perso-
nels, & elles songerent plus que
jamais à les luy faire perdre.

Dans le temps de la belle saison, le Marquis & toute sa famille alloient à la campagne.
C'étoit là que la Belle-mere de
Blanche exerçoit tous les talens
qu'elle avoit pour la tourmenter.
Elle l'employoit à tous les travaux les plus rustiques : mais malgré le soin qu'on prenoit de l'exposer à tous momens au Soleil,
son teint qui étoit d'un naturel
à ne se point hâler, conservoit
toûjours sa blancheur. Sa Belle-

mere mouroit de dépit de voir
que rien n'étoit capable de la
rendre laide, & elle ne pouvoit
en perdre le deffein. Enfin aprés
tous les moyens qu'elle avoit
tentés, & qui ne luy avoient
pas reüffi, elle s'avifa de la charger encore d'aller querir de l'eau,
pour l'ufage de toute la maifon à u-
ne fontaine qui étoit affezéloignée

Blanche qui s'étoit dévoüée à
la patience, ne receut pas cette commiffion avec plus de re-
pugnance que celles qu'on luy
donnoit d'ordinaire : aller querir de l'eau n'étoit pas pour elle un emploi plus humiliant que
cent autres qu'on luy donnoit:
D'ailleurs elle voyoit des De-
moifelles qui y alloient auffi : car
les coûtumes de ce temps-là é-
toient fur certaines chofes bien
differentes des manieres de ce
temps cy ; & l'exemple auroit pû

Q ij

la confoler , fi elle y eut été
de fon bon gré , comme ces De-
moifelles de campagne , ou par
l'indigence de la maifon de fon
pere. Mais quoy qu'elle fût bien
armée de patience , elle avoit de
la peine à retenir fes larmes,
quand elle confideroit que le
travail accablant qu'on luy im-
pofoit , n'étoit que pour la de-
fefperer & pour l'abîmer. C'é-
toit fon chagrin: car non-feulement elle avoit l'exemple de fes
voifines ; mais elle avoit lû dans
quelque endroit que les filles des
Rois faifoient la leffive du temps
d'Homere , & qu'Achilles faifoit la cuifine fort joliment.
Blanche alloit donc , fans fe le
faire dire , querir de l'eau toutes
les fois qu'on en avoit befoin.

La fontaine où elle l'alloit
prendre étoit entourée du plus
beau païfage du monde: mais le

féjour en étoit dangereux ; par
ce qu'il étoit proche d'une foreſt
dont les Loups venoient aſſez
ſouvent faire des courſes juſque-
là ; & la médiſance publioit ſour-
dement que c'étoit pour cette
raiſon que la Belle-mere de Blanche aimoit tant à l'y envoyer.
On avoit averti pluſieurs fois
cette aimable fille du danger
où elle s'expoſoit. Mais quoique
les Loups ne fuſſent pas ce qu'elle craignoit le plus, ces avertiſ-
ſemens étoient fort inutiles pour
elle , parce qu'elle ne pouvoit
faire entendre raiſon à ſa Belle-
mere.

Aprés y avoir été pluſieurs
fois ſans y trouver ni bêtes ni
gens, pour parler comme mon Auteur : Un jour ayant puiſé de
l'eau , elle vit venir à elle un
Sanglier furieux , quoy-qu'il ne
fût pourſuivi de perſonne. Elle

en fut saisie de frayeur : on le
seroit à moins, Madame. Elle
ne fut pas si effrayée cependant
qu'elle ne songeât à se conserver ; elle prit la fuite , & elle
gagnoit déja des broussailles,
lors qu'elle se sentit atteinte à
l'épaule d'un coup qui la ren-
versa par terre. Au même moment le Sanglier passa près d'elle sans luy faire mal & se cacha
dans le bois.

Comme elle faisoit des efforts
pour se relever , malgré la douleur qu'elle sentoit , elle entendit quelqu'un qui cria : Quoi ! la
belle Enfant , c'est vous que j'ai
blessé au lieu du Sanglier ! Que
je suis malheureux ! En même
temps Blanche vit un jeune homme richement vêtu , qui s'aprocha d'elle pour luy aider à se relever. Quoique le sang qu'elle
perdoit la rendît fort pâle , le

Chaſſeur ne l'eut pas plûtôt en-
viſagée qu'il vit bien qu'elle é-
toit d'une beauté extraordinaire,
& qu'il ſe ſentit touché de l'air
doux & engageant qu'il trouva
dans cette jeune perſonne, malgré la ruſticité de ſes habits. Il
ne s'amuſa pas à luy en faire
compliment : il étoit plus judi-
cieux : il ſongea à la ſecourir
promptement. Il déchira ſon
mouchoir, même ſa cravate, ou
ſi vous voulez ſa fraiſe, pour tâcher d'arrêter le ſang de ſa playe.
L'Hiſtoire dit que les yeux de
Blanche firent à leur tour une
bleſſure au Chaſſeur : mais j'ay
peine à croire que ce fût dés ce
premier moment ; ou ſi la Chronique dit vrai, il falloit que ce
Chaſſeur fut auſſi aiſé à prendre
feu que ſon fuſil.

Quelque Critique va dire aparemment que ce Chaſſeur n'a-

voir point de fufil, puis que du
temps des Fées on n'avoit pas encore l'ufage de l'Artillerie. Je
connois des fçavantats fcrupuleux
qu'ils ne laifferoient pas finir un
Conte , fans ce récrier fur cet
Anachronifme : mais fi je voulois entrer en raifon avec un
Cenfeur fi peu fenfé , ne pourrois je pas luy dire , que Mef-
dames les Fées pouvoient bien
avoir fait là quelqu'un de leurs
coups : On va bien voir d'autres
merveilles : elles auroient bien
pû encore faire celle-là ; fur tout
en faveur du Chaffeur dont il
s'agit, qui étoit filleul de Melu-
fine , de Logiftille , & de je ne
fai combien d'autres des plus celebres de ces Dames obligeantes.

Cependant il eft vray que l'arme dont Blanche fut bleffée n'é-
toit point une arme à feu : car
un

un Historien doit toûjours dire
la verité, quoique j'en sache assez qui y manquent : c'étoit un
Dard, ou un Javelot, que le
Prince avoit voulu lancer au Sanglier.... Mais je croi que je ne
vous ai pas encore dit que ce
Chasseur étoit Prince ? Hé bien ;
il n'importe, je vous conterai
tantôt ce que je sai de sa Genea-
logie ; car pour apresent il faut
retourner à la pauvre Blanche,
que nous laissons trop long temps
à demi évanoüie sur l'herbe.

Comme elle se voyoit entre les
mains d'un tel Chirurgien, elle
étoit dans une frayeur & dans
une confusion qui luy faisoit autant de peine que le mal qu'elle souffroit. L'officieux Chasseur
luy donnoit tous les secours dont
il pouvoit s'aviser, & il étoit si
pénetré d'admiration & de douleur qu'il n'avoit pas la force de

R

dire un mot : Enfin aprés avoir
mis fur la playe de la Belle le
meilleur apareil qu'il pût & luy
avoir jetté de l'eau dix ou dou-
ze fois fur le vifage, de maniere qu'elle ne paroiſſoit plus en
danger de s'évanoüir, ce jeune
Inconnu luy dit : Que mon bonheur & mon malheur font extrê-
mes aujourd'huy ! Quel bonheur!
d'avoir vû une auſſi charmante
perfonne que vous ! Quel malheur ! d'être la cauſe des maux
qu'elle fent !

Vous êtes une cauſe innocente de ces maux, répondit Blanche : Ainſi, Seigneur, un femblable malheur ne mérite pas de
troubler vôtre tranquilité.

Quand vous ne feriez qu'une
fille ordinaire, repliqua l'Inconnu, j'aurois bien de la douleur
de vous avoir bleſſée : Jugez donc
quel eſt mon deſeſpoir de cet ac-

cident, vous voyant auffi aimable que vous êtes.

Sans répondre à vos douceurs,
repartit Blanche, je vous dirai,
Seigneur, que vous pouffez trop
loin la generofité : Quand vous
m'auriez tuée, il ne faudroit s'en
prendre qu'au deftin, & non pas
à vous : Et puis il y auroit fi peu
de perte à la vie d'une fille comme moy, que cela ne meriter-
roit pas d'agiter la vôtre, qui
me paroît une de ces belles vies
qui font d'ordinaire fi utiles à
l'Etat, que je puis répondre que
des perfonnes de mon caractere
facrifieroient avec plaifir leurs
jours inutiles aux jours précieux
des Gentilshommes auffi necef-
faires au public que vous avez
l'air d'être. Accordez-moy donc,
Seigneur, la grace que je vous
demande de ne vous point affli-
ger de mon aventure : car à mon

tour, je me reprocherois le chagrin qu'elle vous donneroit.

L'Inconnu, qui fur l'habit de
Blanche l'avoit prife d'abord pour
une Païfanne, ou une Demoifelle de Village tout au plus, fut de
la derniere furprife quand il entendit le tour dont elle parloit ;
mais il fut encore plus touché de
fa douceur que de fa politeffe.
Ce jeune Prince étoit naturellement tres-violent ; & il fentoit
bien que fi quelqu'un, quoy qu'in-
nocemment luy avoit fait autant
de mal qu'il venoit d'en faire à
cette Belle, il n'y auroit eu aucun égard qui l'eut empêché de
s'emporter terriblement contre
l'auteur de ce mal : Moins il é-
toit capable d'une telle modera-
tion, plus il admiroit : par-là
Blanche fe rendit abfolument
maîtreffe de fon ame, & cet
exemple prouva admirablement

par avance le vrai d'une des maximes de Quinaut, qui a dit avec
tant de justesse,

C'est la beauté qui commence de
plaire :
Mais la douceur acheve de charmer.

Le Prince étoit enchanté à un
tel point, que la foule des pensées qui se présentoient à son
imagination luy fit quelques momens garder le silence, & il ne
le rompit que pour dire encore
à Blanche cent choses galantes:
Neanmoins il ne luy témoigna
rien des impressions qu'elle avoit
faites sur son cœur ; par ce qu'il
craignoit d'alarmer une belle personne qui luy faisoit voir autant
de modestie dans ses réponses,
que de douceur & de politesse.
Cependant le Prince étoit fort
inquieté de voir que ses gens ne

le rejoignoient point. Il s'étoit
égaré d'eux à la chasse , & il é-
toit dans la derniere impatience
de ce qu'il n'en revenoit pas quelqu'un auprés de lui ; par ce qu'il
vouloit envoyer querir promptement un Char pour remener
Blanche où elle voudroit aller.
Mais cette Belle , à qui il témoigna son inquietude & son
dessein , luy dit : Seigneur , je
vous prie avec les dernieres in-
stances de ne point donner d'ordre pour cela ; & si vous avez
autant de consideration pour
moy que vous m'en avez fait
voir , je vous assure que vous ne
me pouvez pas faire un plus sensible plaisir , que de me quitter
sans penser à moy , & sans parler
à personne ni de ma rencontre
ni de ma blessure. J'ay les plus
fortes raisons du monde de vous
faire ces prieres , & j'espere que

je pourrai regagner tout doucement le logis de mon pere, quand
je me ferai encore un peu repo-
fée ici.

Aprés quelques contestations
fort obligeantes de la part du
Prince, il luy dit : Hé bien, vous
le voulez ; je me foumets à vos
ordres : mais pour ce qui eft de
ne point penfer à vous, ne croiez
pas, charmante perfonne, qu'on
puiffe vous obeïr fur cela. A ces
mots le Prince la quitta, remon-
ta à cheval, & laiffa Blanche é-
tonnée, foible & fort inquiete
des penfées qu'on auroit chez elle de ce qu'elle étoit fi long-tems
fans revenir.

Enfin elle fe mit en chemin,
& aprés beaucoup de peine elle
arriva au logis de fon pere, au
moment qu'on alloit envoyer voir
ce qui la retenoit à la fontaine.
La Belle-mere commença par

faire beau bruit : mais lorſque
Blanche eut dit qu'il luy étoit
arrivé un accident, qu'elle avoit
été bleſſée par un Sanglier, & que
ſans un paſſant qui l'avoit ſecou-
ruë, elle ſeroit morte ſur la place;
la Belle-mere fut contrainte de
ſe taire. Le Marquis fort troublé à cette nouvelle, courut auprés de ſa fille ; la fit mettre au
lit, & reſolut bien de ne ſe pas
repoſer ſur ſa femme touchant
les ſoins qu'il faudroit prendre
de Blanche. Puis que voila cette belle fille en bonne main,
retournons au Prince & à ſa Ge-
nealogie.

Il étoit alié d'Urgande, cou-
ſin de Maugis, Arriere-neveu de
Merlin, & avec cela filleul du
ſage Lirgandée & des plus ſa-
vantes Fées, comme je vous l'ai
déja dit. Du reſte on ne ſait pas
bien de quel païs il étoit Sou-

verain futur : car certaines Relations difent qu'il étoit fils du
Duc de Normandie : d'autres af-
furent que c'étoit du Duc de
Bretagne ; & d'autres Mémoires,
que ce fût le Comte de Poitiers
qui luy eût donné la naiffance.
Ce défaut d'éclairciffement vient
de ce qu'on ne fait point du tout
en quel lieu étoit la fontaine où
Blanche alloit querir de l'eau.
Enfin, il n'importe pas beaucoup :
il fuffit que toutes les Relations
conviennent que le Chaffeur qui
bleffa cette Belle, étoit fils &
heritier du Souverain du païs.

Comme ce jeune Prince étoit
fort occupé de l'aventure qu'il
avoit euë ; fi tôt qu'il eut rejoint
fes gens, il chargea un de fes
Ecuyers qui étoit fort adroit, de
s'aller informer dans le Village
du deftin de Blanche. L'Ecuyer
s'aquita habilement de fa com-

miſſion, & vint rendre un compte exact à ſon Maître, de la naiſſance, des inclinations & des malheurs de cette jeune Beauté. Le Prince fut ravi d'aprendre qu'elle étoit d'une nobleſſe illuſtre , & ſongea à prendre des meſures pour rendre heureuſe une perſonne qui luy paroiſſoit ſi digne de l'être.

Blanche étoit aimée dans le Village dont ſon pere étoit Seigneur, autant qu'Alix y étoit haïe : ainſi les Païſans avoient fait à l'Ecuyer cent contes plaiſans touchant les belles qualités de l'une & les defauts choquans de l'autre. Ce Gentilhomme qui étoit vif & enjoüé, n'avoit pas oublié un mot de toutes les choſes qu'on luy avoit dites , & il les raconta au Prince dans les mêmes termes , avec une naïveté qui eut le pouvoir de divertir un Amant, qui étoit aussi occupé de sa tendresse que le font d'ordinaire les Heros de Roman.

Le premier soin du Prince fut de chercher à guerir Blanche de la blessure qu'il luy avoit faite : mais comme pour être d'une famille fort savante dans l'art de Féerie, il n'étoit pas pour cela plus habile dans cet art, il eut recours à une de ses marraines, à qui il alla conter son avanture. Il ne luy confia point l'amour qu'il avoit pour Blanche : il luy demanda seulement la guérison de cette belle fille : mais avec tant d'ardeur, & il luy parla de son merite avec tant d'exageration, qu'une femme un peu du monde, sans être Fée & sans savoir la Négromencie, auroit deviné aisément qu'il étoit amoureux. Il ne fut donc pas difici-

le à la bonne Fée de faire cette
découverte ; & comme elle aimoit véritablement son filleul,
elle fut bien aise de ce qu'il re-
mettoit cette affaire à ses soins;
se faisant un plaisir de voir Blanche, pour examiner si elle étoit
digne des sentimens qu'elle ins-
piroit à un cœur qui avoit été
jusque-là insensible à la tendresse.

Dulcicula, c'est ainsi que se
nommoit cette Fée, alla donc
préparer d'un Baume merveilleux, qui guerissoit les blessures
les plus mortelles en moins de
vingt-quatre heures. Ensuite elle
prit la figure d'une vieille Païsane, & dans cet équipage elle
s'alla présenter à la porte du pere
de Blanche. La premiere personne qu'elle rencontra, ce fut
Alix, à qui elle dit fort civilement en stile villageois : qu'ayant

un secret admirable, elle venoit offrir ses services au Marquis pour sa fille.

Qu'est-ce que cette vieille folle-là me vient conter ? répondit brutalement Alix. Je croy que toute cette vermine de Villageois est enragée à faire les entremeteux pour cette guenon de Blanche : je ne sai pas à qui ils en ont de se démener tretous comme des Ahuris : cette bonne bête-là n'aura garde d'aller faire une bosse au Cimetiere : si c'étoit quelque bon chien à Berger, il en mouroit bien plûtôt qu'elle.

Dulcicula fut extrêmement surprise de voir une Demoiselle toute couverte d'or & de piereries, parler un si étrange jargon : mais cette Fée, qui étoit la douceur même, fut encore plus indignée de son mauvais naturel, que de sa grossiereté. Elle ne répondit rien à cette brutale : & ayant apris que le Marquis n'étoit pas chez luy , elle s'adressa à une femme qu'il avoit chargée d'avoir soin de Blanche. Cette femme mena la Fée auprés du lit de la malade : Dulcicula luy dit toûjours dans des termes conformes à son habit : que son accident l'ayant touchée, elle étoit venuë exprés de son Village pour luy offrir d'un Baume qu'elle avoit , qui guerissoit toutes sortes de maux , & fort promptement.

Blanche qui avoit beaucoup d'esprit, & qui étoit dépréocupée des erreurs populaires, crut que le Baume dont on luy parloit, étoit quelqu'un de ces remedes dont le peuple s'entête, & qu'il apelle de *petits remedes innocents*, parce qu'il faut être en effet bien innocent pour s'en servir. Cependant cette aimable fille, gardant toûjours son caractere, répondit à la Fée : vous êtes bien obligeante, ma bonne mere, de quiter ainsi toutes vos affaires pour me venir faire plaisir : je ne sai comment je pourray reconnoître ce que je dois à vôtre zele, moi qui suis si peu en état de faire ce que je voudrois : mais je parleray de vous à mon pere, & j'espere qu'il vous tiendra compte de vôtre bonne volonté : car pour le Baume, je vous en remercie : je suis entre les mains des Chirurgiens, & il ne faut pas changer tous les jours de remedes.

Dulcicula, charmée de la douceur & des manieres honêtes de Blanche, ne laissa pas de pénétrer la mauvaise opinion qu'elle avoit de son Baume : mais elle la pressa de s'en servir avec tant

d'ardeur & de confiance, que
cette belle fille y consentit, par
pure complaisance pour la Païsane qu'elle voyoit si affectionnée pour elle. La Fée mit donc
de son Baume enchanté sur la
playe de Blanche, & par un effet merveilleux, il n'y fut pas
plûtôt que la Belle commença
à se sentir fort soulagée.

Elles entrerent ensuite en conversation : Dulcicula ne cessoit
point d'admirer en elle-même la
douceur & les autres belles qualitez qu'elle voyoit jointes à tant
de beauté, & cette admiration
produisit un bon effet. La Fée
tenoit un bâton surquoy elle sembloit s'apuier : mais c'étoit la Baguette enchantée dont elle se
servoit à faire tous les prodiges
de son art. Elle toucha Blanche
de cette baguette, comme par
hazard, & luy fit un Don d'être
toûjours

toûjours plus que jamais douce,
aimable, bienfaifante & d'avoir
la plus belle voix du monde.
Auffi-tôt elle fortit de la chambre de la belle malade, accompagnée de la femme qui en avoit
foin.

Elle la mit fur le chapitre d'A-
lix, & elle aprit que cette Gron-
deufe étoit auffi coquette, que
laide & méchante : que comme
elle étoit toûjours dans une parure éclatante & faifoit cent grimaces & cent contorfions pour
fe donner de l'agrément, on l'a-
pelloit en tous lieux par ironie,
la belle Alix : elle ajoûta, qu'en
mille endroits, quand on voyoit
une fille fe donner des airs impertinens & affectez, on difoit
qu'elle faifoit bien la belle Alix.

La Fée ainfi inftruite rencontra encore dans la cour, toute
feule, celle dont on venoit de

S

luy parler en si beaux termes.
Elle s'aprocha d'Alix & luy dit
civilement : Mademoiselle , je
vous prie de me dire par où je
pourrois trouver la porte de derriere de ce logis.

Alix répondit en colere: peut-
on rien voir de plus mal apris
que cette vieille Radoteuse-là ,
qui vient s'adresser à moy pour
faire toutes ces sotes questions ?

La Fée, sans répondre, se mit
à marcher derriere Alix, & lais-
sant tomber sa baguette sur elle
comme sans dessein , elle luy fit
le Don, d'être toûjours empor-
tée , desagréable , & malfaisan-
te. Ce n'étoit que luy assurer la
possession des qualitez qu'elle a-
voit déja. Aussi elle entra dans
une telle fureur de la chute de
cette baguette , qu'elle pensa bat-
tre la bonne Païsane : du moins
elle vomit contr'elle un torrent

d'injures, & la Fée qui avoit fait
son coup se retira.

Cependant Blanche qui ne
sentoit plus de douleurs si ai-
guës, depuis l'aplication du Baume enchanté , repassoit l'avanture du bois dans son souvenir.
Les manieres agréables & la bonne mine du Chasseur se presen-
toient vivement à son idée ; &
il luy sembloit que dans tous
les Romans qu'elle avoit lûs, elle n'avoit jamais rien vû de plus
merveilleux que cet incident.
Elle étoit bien en peine de savoir qui étoit ce Chasseur : mais
tous ses mouvemens ne naissoient
que de simple bien-veillance &
de curiosité. N'allez pas croire,
je vous prie, que d'autres sentimens y eussent part ; vous feriez
tort à Blanche.

Pour le Prince, il étoit entierement livré à l'amour. Ce que

Dulcicula luy avoit dit du mérite de Blanche alumoit encore
son feu; & il en étoit si tranf-
porté que fans la crainte du Duc
fon pere, dés l'inftant il auroit
été querir cette belle malheureufe pour l'amener triompham-
ment dans le Palais : mais il falut moderer fes tranfports; non
pas fans chercher cent fois dans
fon efprit des moyens de les contenter.

Juftement au bout de vingt
heures Blanche fe trouva parfaitement guérie, & quelques jours
aprés fon impitoyable Belle-mere la renvoya encore fans façon
à la fontaine. Comme elle étoit
prête à puifer de l'eau, elle vit
venir à elle une Dame qui bril-
loit encore plus par fon grand
air & par fa bonne grace, que
par fa parure , quoiqu'elle fût
mife d'une maniere auffi magni-

fique que galante. Cette Dame s'aprocha de Blanche , & luy dit : ma belle Enfant , je vous prie de vouloir bien me donner à boire,

J'ay bien de la confufion , Madame , répondit agréablement Blanche , de ne pouvoir vous en préfenter que dans ce vafe , qui eft fort peu commode pour cela. En même temps cette belle fille fe pencha fur le bord de la fontaine , rinfa le vafe avec foin , & enfuite préfenta de bonne grace à boire à la Dame. Elle remercia Blanche fort civilement aprés avoir bû. Elle la trouva fi aimable dans fes manieres , que du remercîment elle entra en converfation : la jetta fur mille fujets agreables & délicats , dont Blanche ne fut point embarraffée : elle y répondit avec tant d'efprit , de douceur &

de politesse, qu'elle acheva de charmer celle à qui elle parloit.

Cette Dame, comme je croy que vous vous en doutés déja bien, étoit aussi une Fée: mais vous ne vous douterez pas que cette Fée s'apelloit *Eloquentia nativa*. Ce nom paroîtra à quelques gens aussi étrange qu'un nom Grec: cependant charmante Duchesse, vous voyez bien qu'il est tres-Latin; mais Latin, ou Grec, cela ne fait rien: c'est de ce nom bouru que s'apelloit la Fée dont il s'agit, & il ne faut pas s'en étonner: toutes les Fées avoient toûjours des noms heteroclites. *Eloquentia nativa*, donc, toute pénetrée de l'éloquence & des manieres obligeantes de Blanche, se resolut de recompenser magnifiquement le petit plaisir que cette belle luy avoit fait de si bon cœur & de si bonne grace.

La favante Fée mit la main fur la tête de Blanche, & luy donna pour Don ; qu'il fortiroit de fa bouche des perles, des diamans, des rubis & des emeraudes chaque fois qu'elle feroit un fens fini en parlant : enfuite la Fée dit adieu à cette aimable fille, qui s'en retourna tranquilement chez elle chargée de fon vafe plein d'eau.

Blanche ne fut pas plûtôt en préfence de fa Belle-mere, que cette femme luy demanda d'un ton aigre, ce qui l'avoit encore fi long-temps retenuë à la fontaine. Blanche luy répondit : c'eft l'arrivée de la plus aimable Dame que j'ay jamais veuë : à ces mots un amas éblouïffant de perles & de pierrcries luy fortit de la bouche.

Qu'eft-ce donc que ceci ! s'écria la Marquife. Blanche luy

raconta éloquemment & ingenû-
ment la rencontre qu'elle avoit
fait de la Dame, & l'entretien
qu'elle avoit eu avec cette admirable inconnuë : mais ce recit
ne se fit pas sans qu'à la fin des
periodes de Blanche, quelque
courtes qu'elles fussent, il ne
tombât de sa bouche sur le plan-
cher une pluye plus précieuse
encore que celle qui vinquit Da-
naé : chacun s'empressoit à ra-
masser ce que Blanche répandoit
de sa bouche : personne n'étoit
éfrayé des dragées qu'elle écar-
toit : elle se donna bien à son
tour le soin de les recueillir ; &
quoiqu'elle ne fût pas interres-
sée, insensiblement elle prit l'habitude de parler d'un stile cou-
pé. On ne peut décrire la joye du
Marquis ; c'est pourquoi je n'en
parle point.

Cependant la Marquise, aussi
surprise

surprise que consternée, se resolut dès le lendemain d'envoyer
sa fille à la fontaine ; se flatant
qu'elle y trouveroit aussi la Dame
inconnuë, & qu'elle luy feroit
les mêmes faveurs qu'à Blanche.
On étoit en ce temps là comme on est encore aujourd'huy :
on ne se rendoit point justice :
on vouloit des graces sans se
mettre en peine de les mériter.
Cette mere dit son dessein à
Alix, qui étant plus brutale que
jamais, luy répondit en termes
impertinens, qu'elle étoit plaisante de luy vouloir donner ce
bel employ, & qu'elle n'en feroit rien. La mere dit qu'elle
vouloit absolument que cela fût,
& que c'étoit pour son bien qu'elle l'envoyoit à l'eau : Enfin Alix,
en disant mille sotises, se prepa-
ra à y aller.

Elle se para avec autant de soin

T

que fi c'eût été pour aller au Bal, prit un vafe d'or le plus beau de toute la maifon, & dans cet é-talage pompeux elle arriva à la fontaine. *Eloquentia-nativa* étoit en effet autour de fes eaux : la favante Fée avoit fait depuis peu la découverte de cette belle fo-litude & elle s'y plaifoit beau-coup : mais ce jour-là elle fe promenoit fous la figure d'une agréable Païfane dont elle avoit pris l'air naïf & l'habit cham-pêtre : car *Eloquentia* n'étoit pas moins belle avec une fimple pa-rure que fous les plus brillans ornemens. Au contraire quand elle mettoit des ajuftemens af-fectez, cela offufquoit fa beauté.

Alix s'affit fur le bord de la fontaine, & la jolie Païfane qui avoit foif, parce qu'elle s'y étoit long-temps promenée, s'aprocha auffi-tôt de ce bord. Alix, dont l'efprit populaire n'étoit frapé que de l'éclat des habits magnifiques, à qui feuls elle rendoit l'honneur qu'elle étoit capable de rendre : Alix, dis-je, regarda la feinte Païfane avec mépris, & ne daigna pas l'honorer d'un figne de tête, quoy qu'*Eloquentia* luy eût fait une profonde révérence. La Fée ne fe rebuta point pour cela : en faifant une nouvelle reverence, elle dit à Alix, Mademoifelle, je vous fuplie d'avoir la bonté de foufrir que je me ferve de vôtre vafe pour puifer de l'eau, car j'ay une foif violente.

Voyez ce fretin, répondit Alix toute en furie : on vient icy tout exprés pour l'abreuver : vraiment, il leur en faut des vafes d'or pour mettre leur chien de mufeau : allez bête de tortillonne : tournez moy le dos, &

ſi vous avez ſoif allez boire à l'auge de nos bœufs.

Vous êtes bien bruſque, Mademoiſelle, repliqua la Fée : vous fais-je quelque offenſe pour me traiter ainſi ? Alors Alix ſe levant, & mettant les deux mains ſur ſes côtez, dit en criant de toute ſa force : Je croi que tu veux raiſonner, peſte de Soüillon : mais je ne te conſeille pas de m'échaufer les oreilles; car je te ferois aſſommer de coups quand tu paſſeras devant nôtre porte.

La ſage Fée pleine d'indignation des brutalitez de cette créature, voulut l'en punir dés le moment, & d'une maniere qui conſervât un ſouvenir plein d'horreur du torrent injurieux de ſa langue venimeuſe. Elle jetta Alix par terre en la touchant du bout de ſa baguette, & dans cet état, elle luy donna le Don, ou plûtôt la punition, Qu'à chaque mot qu'elle diroit; il sortiroit de sa bouche des crapauds, des serpens, & des araignées, & d'autres vilains animaux dont le venin fait fremir tout le monde. Aussi-tôt *Eloquentia* s'en alla de ce lieu, & laissa Alix pleine de rage contr'elle.

Cette méchante personne attendit long-temps la Dame brillante dont elle esperoit des faveurs: mais voyant qu'elle attendoit vainement, enfin elle se lassa & s'en retourna chez elle. Sa mere brûloit d'impatience de la revoir, & du moment qu'elle l'aperceut de sa porte, cette Marquise alla au devant d'elle. Hé bien! dit-elle, avez-vous fait une bonne rencontre? Oüi! dit Alix: il étoit bien necessaire de m'envoyer là faire le pied de

gruë. A ces mots un tas de cou-
leuvres, de crapaux & de sou-
ris sortir à flots de la bouche
d'Alix.

Où as tu pris cela, malheureu-
se ! s'écria la mere. Alix voulut
luy répondre : autre déluge de
vilaines bêtes. La mere & la fille rentrerent dans le logis ; où
l'on vit que le beau Don qu'a-
voit Alix, étoit un mal sans remede & tout le monde acheva
de prendre cette indigne personne dans la derniere aversion.
Sa mere elle même ne pût s'en
empêcher.

Cependant le Prince qui étoit
fort attentif à tout ce qui regar-
doit Blanche, aprit en peu de
temps le Don heureux qu'elle a-
voit receu d'une Fée ; & comme il connoissoit la puissance &
la generosité d'*Eloquentia nativa*,
qui étoit encore une de ses

marraines, il se douta que c'é-
toit-elle qui avoit fait ce prodige. Prenant le prétexte d'en
vouloir être témoin , il marqua
beaucoup d'envie de voir venir
Blanche à la Cour , & alla prier
Eloquentia de vouloir bien aller
querir cette belle fille , dont on
disoit tant de merveilles.

Savez-vous , luy dit la Fée en
soûriant , que c'est moy qui les
ait fait ? Non , luy répondit le
Prince : mais je vous en rends
mille graces ; car j'ay une ardente passion pour cette jeune beauté. Vous savez le zele que j'ay
à vous obliger , reprit la Fée :
mais vous ne devez point me
remercier dans cette occasion :
je ne savois point l'interêt que
vous prenez à Blanche : vous
n'avez nulle part à ce que j'ay
fait pour elle : la douceur & la
politesse de cette aimable fille

m'ont charmé : sa conversation est toute admirable : rien n'égale le tour heureux de ses expressions, & j'ay voulu que les perles & les pierreries sortissent de sa bouche, pour marquer la douceur & le brillant qu'on trouve dans ses paroles. Le Prince fut ravi d'entendre loüer l'éloquence de Blanche par une Fée dont il estimoit mille fois plus le goût & les talens que ceux de la Rhetorique.

Enfin *Eloquentia nativa* quitta son filleul, & se rendit au Château du pere de Blanche. Il étoit assiegé d'une foule incroyable de peuple : les choses brillantes qui sortoient de sa bouche, attiroient encore plus de monde que celles qui sortent de la bouche de M.^r de...... toutes belles qu'elles sont. Ce peuple avoit raison : n'étoit-il pas bien plus agréable

de voir fortir des pierres pré-
cieufes d'une belle petite bouche
comme celle de Blanche, qu'il
ne l'étoit de voir fortir des éclairs
de la grande bouche de cet Ora-
teur tonnant, qui étoit cependant-
dant fi couru des Atheniens.

Au grand regret de la foule
qui environnoit Blanche ; *Eloquentia* la fit monter dans fon
Char & l'emmena à la Cour.
Dans ce lieu le Prince luy témoigna les tranfports de fa tendreffe ; Blanche n'y fut pas in-
fenfible ; & comme l'heureux
Don qu'avoit cette Belle perfonne, la rendoit plus riche que les
premieres Princeffes de l'Univers,
le Prince l'époufa avec l'aplaudif-
fement du Duc fon pere & de
tous les Peuples de fes Etats.

Le pere de Blanche, qui étoit
au comble de la joye, eut un
grand credit à la Cour, & n'eut

plus à souffrir des caprices de
sa femme : elle n'osa le chagriner depuis l'élevation de sa fille.
L'envieuse Alix, que le seul bonheur de Blanche auroit outrée de
desespoir , avoit encore celuy de
voir que sa mere , ni personne,
ne la pouvoit plus souffrir. Elle
quitta de rage la maison de cette mere, & s'en alla errante de
Province en Province , où elle
fut l'objet de l'aversion de tout
le monde , & où elle éprouva
toutes les rigueurs de la neces-
sité. Enfin aprés avoir bien sou-
fert, elle mourut de misere *au
coin d'un buisson*,pendant que Blanche triomphoit. Le bonheur de
cette Belle personne dura autant
que sa vie, qui fut longue ; & sa
destinée & celle d'Alix prouve-
rent ce que j'ay avancé d'abord ,
que souvent ;

Doux & courtois langage
Vaut mieux que riche apanage.

Je ne fay pas, Madame, ce
que vous penfez de ce Conte:
mais il ne me paroît pas plus in-
croiable que beaucoup d'Hiftoires que nous a fait l'ancienne
Grece; & j'aime autant dire qu'il
fortoit des perles & des rubis de
la bouche de Blanche, pour de-
figner les effets de l'Eloquence,
que de dire qu'il fortoit des é-
clairs de celle de Pericles. Contes pour Contes, il me paroît
que ceux de l'antiquité Gauloife valent bien à peu prés ceux
de l'antiquité Grecque: & les
Fées ne font pas moins en droit
de faire des prodiges, que les
Dieux de la Fable.

Je vous laiffe faire cette differ-
tation, furquoy je fuis fort tran-
quile. Ce que je crains, c'eft que

ceux qui entendront ces Contes
des Fées, & qui connoiffent vos
beaux talens, n'aillent s'imaginer que c'eft par art de féerie que
vous parlez avec tant d'agrément
& de juftefle. Cette penfée feroit affez vraifemblable ; oüi : car
en vous voyant tant de favoir &
d'éloquence, on a quelque peine
à croire qu'il n'y ait pas là un peu
d'enchantement : cependant il
faut rendre juftice, moy qui con-
noîs à fond en quoy confiftent
vos charmes, j'avertis icy de bonne foy qu'il n'y a point chez vous
de Dons de Fées ; mais feulement
des Dons du Ciel, qui par fa faveur vous a rendu en perfonne
Eloquentia nativa.

F I N.

L'ADROITE
PRINCESSE,
OV
LES AVANTURES
DE
FINETTE.
NOUVELLE.

A MADAME LA COMTESSE
DE MURAT.

VOus faites les plus jolies Nouvelles du monde en Vers ; mais en Vers auſſi doux que naturels : je voudrois bien, charmante Comteſſe,

vous en dire une à mon tour; cependant je ne fai fi vous pourrez vous en divertir: je fuis aujourd'huy de l'humeur du Bour-
geois-Gentilhomme; je ne voudrois ni Vers, ni Profe pour vous
la conter: point de grands mots,
point de brillans, point de rimes; un tour naïf m'accommode
mieux; en un mot, un recit fans
façon & comme on parle: je ne
cherche que quelque moralité.

Mon Hiftoriette en fournit
affez, & par là elle pourra vous
être agréable. Elle roule fur deux
Proverbes, au lieu d'un: c'eft la
mode: vous les aimez: je m'accommode à l'ufage avec plaifir.
Vous y verrez comment nos
Ayeux favoient infinuer qu'on
tombe dans mille defordres,
quand on fe plaît à ne rien faire,
ou pour parler comme eux,
qu'*Oifiveté eft mere de tous vices;*

& vous aimerez, ſans doute, leur
maniere de perſuader qu'il faut
être toûjours ſur ſes gardes: vous
voyez-bien que je veux dire que
Défiance eſt mere de ſeureté.

Non l'Amour ne triomphe gueres
Que des cœurs qui n'ont point
d'affaires.

Vous, qui craignez que d'un adroit
vainqueur
Vôtre raiſon ne devienne la dupe,
Beautez, ſi vous voulez conſerver vôtre
cœur,
Il faut que vôtre eſprit s'occupe.
Mais, ſi malgré vos ſoins, vôtre ſort eſt
d'aimer,
Gardez du moins de vous laiſſer
charmer
Sans connaître
Celuy que vôtre cœur veut ſe donner
pour maître,
Craignez les Blondins doucereux
Qui fatiguent les Ruelles,
Et ne ſachant que dire aux Belles
Soupirent ſans être amoureux.
Défiez-vous des Conteurs de fleu-
rettes,

Connoiffez-bien le fond de leurs
    efprits ;
      Auprés de toutes les Iris
      Ils debitent mille fornettes.
Defiez - vous enfin de ces brufques
    Amans
Qui fe difent en feu dés les premiers
    momens ,
      Et jurent une vive flâme ;
      Moquez- vous de ces vains fermens :
      Pour bien affujetir une ame
      Il faut qu'il en coûte du temps.
      Gardez qu'un peu de complaifance
Ne defarme trop tôt vôtre auftere fierté ;
      De vôtre jufte défiance
Dépend vôtre repos & vôtre fûreté.

Mais je n'y fonge pas , Madame ! J'ay fait des Vers ! Au
lieu de m'en tenir au goût de
Monfieur Jourdain , j'ay rimé
fur le ton de Quinaut ! Je reprens le tour fimple au plus vîte,
de peur d'avoir part aux vieilles
haines qu'on eut pour cet agréable Moralifeur , & de peur qu'on
                ne

ne m'accuse de le piller & de le mettre en pieces, comme tant d'Auteurs impitoyables font tous les jours.

Du temps des premieres Croisades, un Roy de je ne sai quel Royaume de l'Europe, se resolut d'aller faire la guerre aux Infideles dans la Palestine. Avant que d'entreprendre un si long voyage, il mit un si bon ordre aux affaires de son Royaume, & il en confia la Regence à un Ministre si habile, qu'il fut en repos de ce côté-là Ce qui inquietoit le plus ce Prince, c'étoit le soin de sa famille. Il avoit perdu la Reine son Epouse depuis assez peu de temps : elle ne luy avoit point laissé de fils ; mais il se voyoit pere de trois jeunes Princesses à marier. Ma Chronique ne m'a point apris leur veritable nom : je sai seule-

V

ment que comme en ces temps
heureux la simplicité des Peuples donnoit sans façon des sur-
noms aux personnes éminentes,
suivant leurs bonnes qualitez,
ou leurs deffauts, on avoit surnommé l'aînée de ces Princesses,
Nonchalante, ce qui signifie Indo-
lente en stile moderne; la seconde, *Babillarde*, & la troisiéme,
Finette : noms qui avoient tous un
juste raport aux caracteres de
ces trois Sœurs.

Jamais on n'a rien vû de si
indolent qu'étoit Nonchalante.
Tous les jours elle n'étoit pas
éveillée à une heure aprés midy :
on la traînoit à l'Eglise telle
qu'elle sortoit de son lit : sa coifure en desordre, sa robe déta-
chée : point de ceinture ; & souvent une mule d'une façon &
une de l'autre. On corrigeoit
cette diference durant la jour-

née: mais on ne pouvoit resoudre cette Princesse à être jamais
autrement qu'en mules : elle trouvoit une fatigue insuportable à
mettre des souliers. Quand Nonchalante avoit dîné, elle se mettoit à sa Toilette, où elle étoit
jusqu'au soir : elle employoit le
reste de son temps, jusqu'à mi-
nuit, à jouër, & à souper : ensuite on étoit presque aussi long-
temps à la deshabiller qu'on a-
voit été à l'habiller : elle ne pouvoit jamais parvenir à se coucher
qu'au grand jour.

Babillarde menoit une autre
sorte de vie, cette Princesse étoit
fort vive, & n'employoit que
peu de temps pour sa personne :
mais elle avoit une envie de
parler si étrange, que depuis
qu'elle étoit éveillée jusqu'à ce
qu'elle fut endormie la bouche
ne luy fermoit pas. Elle sçavoit

l'Hiftoire des mauvais ménages, des liaifons tendres , des galanteries , non-feulement de toute la Cour , mais des plus petits bourgeois. Elle tenoit regiftre de toutes les femmes qui exerçoient certaines rapines dans leur domeftique pour fe donner une parure plus éclatante , & étoit informée precifément de ce que gagnoit la Suivante de la Comteffe une telle & le Maître d'Hôtel du Marquis un tel. Pour être inftruite de toutes ces petites chofes elle écoutoit fa Nourice & fa Couturiere avec plus de plaifir qu'elle n'auroit fait un Ambaffadeur ; & enfuite elle étourdiffoit de ces belles Hiftoires depuis le Roy fon Pere jufqu'à fes Valets de pied : car pourvû qu'elle parlât elle ne fe foucioit pas à qui. La démangeaifon de parler produifit encore

un autre mauvais effet chez cette
Princeffe: Malgré fon grand rang,
fes airs trop familiers donnerent
la hardieffe aux Blondins de la
Cour de luy débiter des douceurs. Elle écouta leurs fleuret-
tes fans façon , pour avoir le
plaifir de leur répondre ; car à
quelque prix que ce fût, il falloit que du matin au foir elle
écoutât ou caquettât. Babillarde,
non plus que Nonchalante , ne
s'occupoit jamais ni à penfer, ni
à faire aucune refléxion , ni à
lire ; elle s'embaraffoit auffi peu
d'aucun foin domeftique ni des
amufemens que produit l'aiguille
& le fufeau. Enfin ces deux
fœurs dans une éternelle oifiveté, ne faifoient jamais agir ni leur
efprit ni leur main.

La fœur cadette de ces deux
Princeffes étoit d'un caractere
bien different. Elle agiffoit in-

ceffamment de l'efprit & de fa perfonne : elle avoit une vivacité
furprenante , & elle s'apliquoit
à en faire un bon ufage. Elle
favoit parfaitement bien danfer,
chanter , joüer des inftrumens ;
reüffiffoit avec une adreffe admirable à tous les petits travaux
de la main , qui amufoient d'ordinaire les perfonnes de fon fexe :
mettoit l'ordre & la regle dans
la Maifon du Roy , & empêchoit
par fes foins les pilleries des
petits Officiers : car dés ce tems-
là ils fe mêloient de voler les
Princes.

Ses talens ne fe bornoient pas
là : elle avoit beaucoup de jugement & une prefence d'efprit
fi merveilleufe , qu'elle trouvoit
fur le champ des moyens pour
fortir de toutes fortes d'affaires.
Cette jeune Princeffe avoit découvert par fa pénétration, un

piege dangereux qu'un Ambaſſadeur de mauvaiſe foy avoit tendu au Roy ſon Pere dans un
Traité que ce Prince étoit tout
prêt de ſigner. Pour punir la
perfidie de cet Ambaſſadeur &
de ſon Maître, le Roy changea
l'article du Traité & en le mettant dans les termes que luy a-
voit inſpiré ſa fille, il trompa à
ſon tour le trompeur même. La
jeune Princeſſe découvrit encore un tour de fourberie qu'un
Miniſtre vouloit jouer au Roy ;
& par le conſeil qu'elle donna
à ſon pere, il fit retomber l'infidelité de cet homme-là ſur lui-
même. La Princeſſe donna en
pluſieurs autres occaſions des
marques de ſa pénétration & de
ſa fineſſe d'eſprit ; elle en donna tant que le Peuple luy donna le ſurnom de Finette. Le Roy
l'aimoit beaucoup plus que ſes

autres filles, & il faisoit un si
grand fonds sur son bon sens,
que s'il n'avoit point eu d'autre
enfant qu'elle, il seroit parti sans
inquietude : mais il se défioit autant de la conduite de ses autres
filles, qu'il se reposoit sur celle
de Finette. Ainsi pour être sûr
des démarches de sa famille,
comme il se croyoit sûr de celles de ses sujets, il prit les mesures que je vais dire.

Vous, qui êtes si savante dans
toutes sortes d'antiquitez, je ne
doute pas, Comtesse charmante,
que vous n'ayez cent fois entendu parler du merveilleux pouvoir des Fées. Le Roy dont je
vous parle étant amy intime d'u-
ne de ces habiles femmes, alla
trouver cette amie : Il luy ré-
presenta l'inquietude où il étoit
touchant ses filles. Ce n'est pas,
luy dit ce Prince, que les deux
aînées

aînées, dont je m'inquiete, ayent jamais fait la moindre chose contre leur devoir : mais elles ont si peu d'esprit, elles sont si imprudentes & vivent dans une si grande désocupation, que je crains que pendant mon absence elles n'aillent s'embarasser dans quelque folle intrigue pour trouver de quoy s'amuser. Pour Finette, je suis seur de sa vertu : cependant je la traiteray comme les autres, pour faire tout égal ; c'est pourquoy, sage Fée, je vous prie de me faire trois Quenoüilles de verre pour mes filles, qui soient faites avec un tel art, que chaque Quenoüille ne manque point de se casser, si tôt que celle à qui elle apartiendra, fera quelque chose contre sa gloire.

Comme cette Fée étoit des plus habiles, elle donna à ce

X

Prince trois Quenoüilles enchantées & travaillées avec tous les
ſoins neceſſaires pour le deſſein
qu'il avoit : mais il ne fut pas
content de cette précaution. Il
mena les Princeſſes dans une
Tour fort haute, qui étoit bâ-
tie dans un lieu bien deſert. Le
Roy dit à ſes filles qu'il leur or-
donnoit de faire leur demeure
dans cette Tour, pendant tout
le temps de ſon abſence, & qu'il
leur deffendoit d'y recevoir aucune perſonne que ce fût. Il
leur ôta tous leurs Officiers de
l'un & de l'autre ſexe, & aprés
leur avoir fait preſent des Quenoüilles enchantées dont il leur
expliqua les qualitez, il embraſſa
les Princeſſes & ferma les por-
tes de la Tour, dont il prit luy
même les clefs ; puis il partit.

Vous allez peut-être croire,
Madame, que ces Princeſſes é-

toient-là en danger de mourir
de faim : Point du tout. On a-
voit eu ſoin d'atacher une poulie à une des fenêtres de la Tour:
on y avoit mis une corde à laquelle les Princeſſes attachoient
un corbillon, qu'elles décen-
doient chaque jour. Dans ce corbillon, on mettoit leurs provi-
ſions pour la journée, & quand
elles l'avoient remonté, elles reti-
roient avec ſoin la corde dans
la chambre.

Nonchalante & Babillarde
menoient dans cette ſolitude une
vie qui les deſeſperoit: elles s'en-
nuyoient à un point qu'on ne
ſauroit exprimer ; mais il falloit
prendre patience : car on leur
avoit fait la Quenoüille ſi terrible, qu'elles craignoient que la
moindre démarche un peu équi-
voque ne la fît caſſer.

Pour Finette elle ne s'ennuyoit

point du tout. Son fuseau, son aiguille, & ses instrumens de Musique luy fournissoient des amusemens ; & outre cela, par l'ordre du Ministre qui gouvernoit l'Etat, on mettoit dans le corbillon des Princesses, des lettres qui les informoient de tout ce qui se passoit au dedans & au dehors du Royaume. Le Roy l'avoit permis ainsi, & le Ministre pour faire sa Cour aux Princesses ne manquoit pas d'être exact sur cet article. Finette lisoit toutes ces nouvelles avec empressement & s'en divertissoit : Pour ses deux sœurs elles ne daignoient pas y prendre la moindre part : elles disoient qu'elles étoient trop chagrines pour avoir la force de s'amuser de si peu de chose : il leur falloit au moins des cartes pour se desennuyer pendant l'absence de leur pere,

Elles paſſoient donc ainſi tri-
ſtement leur vie en murmurant
contre leur deſtin , & je croi
qu'elles ne manquerent pas de
dire, *qu'il vaut mieux être né heu-*
reux , que d'être né fils de Roy:
Elles étoient ſouvent aux fenêtres de leur Tour , pour voir du
moins ce qui ſe paſſeroit dans
la campagne. Un jour, comme
Finette étoit fort occupée dans
ſa chambre à quelque joli ouvrage, ſes ſœurs qui étoient à
la fenêtre , virent au pied de
leur Tour une pauvre femme
vêtuë de haillons dechirés , qui
leur crioit ſa miſere fort pathe-
tiquement. Elle les prioit à mains
jointes de la laiſſer entrer dans
leur Château, leur repreſentant
qu'elle étoit une malheureuſe E-
trangere qui ſavoit mille ſortes
de choſes , & qu'elle leur rendroit ſervice avec la plus exacte

fidelité. D'abord les Princeſſes ſe ſouvinrent de l'ordre qu'avoit donné le Roy leur pere, de ne laiſſer entrer perſonne dans la Tour : mais Nonchalante étoit ſi laſſe de ſe ſervir elle même, & Babillarde ſi ennuyée de n'avoir que ſes ſœurs à qui parler, que l'envie qu'eut l'une d'être coiffée en détail, & l'empreſſement qu'eut l'autre d'avoir une perſonne de plus pour jazer, les engagea à ſe reſoudre de laiſſer entrer la pauvre Etrangere.

Penſez-vous, dit Babillarde à ſa ſœur, que la deffence du Roy s'étende ſur des gens comme cette malheureuſe ? Je croy que nous la pouvons recevoir ſans conſequence ? Vous ferez ce qu'il vous plaira, ma ſœur, répondit Nonchalante. Babillarde qui n'attendoit que ce conſentement, deſcendit auſſi-tôt le Corbillon :

La pauvre femme se mit dedans, & les Princesses la monterent avec le secours de la poulie.

Quand cette femme fut devant leurs yeux, l'horrible malpropreté de ses habits les dégoûta: Elles voulurent luy en donner d'autres ; mais elle leur dit qu'elle en changeroit le lendemain, & que pour l'heure qu'il étoit, elle alloit songer à les servir. Comme elle achevoit de parler, Finette revint de sa chambre : cette Princesse fut étrangement surprise de voir cette inconnuë avec ses sœurs : Elles luy dirent pour quelles raisons elles l'avoient fait monter, & Finette qui vît que c'étoit une chose faite, dissimula le chagrin qu'elle eut de cette imprudence.

Cependant la nouvelle Officiere des Princesses fit cent tours dans le Château sous pretexte de leur service; mais en effet pour observer la disposition du dedans : Car, Madame, je ne sai si vous ne vous en doutez point déja : mais cette gueuse prétenduë étoit aussi dangereuse dans ce Château, que le fut le Comte Ory dans le Convent où il entra déguisé en Abbesse fugitive.

Pour ne vous pas tenir davantage en suspens, je vous dirai que cette créature couverte de haillons, étoit le fils aîné d'un Roy puissant, voisin du pere des Princesses. Ce jeune Prince, qui étoit un des plus artificieux esprits de son temps, gouvernoit entierement le Roy son pere; & il n'avoit pas besoin de beaucoup de finesse pour cela : car ce Roy étoit d'un caractere si doux & si facile, qu'on luy en avoit donné le surnom de *Moult-benin.*

Pour le jeune Prince , comme il n'agissoit que par artifices & par détours , les Peuples l'avoient surnommé *Riche-en-cautele* , & pour abreger , on disoit *Riche-cautele.*

Il avoit un frere cadet , qui étoit aussi rempli de belles qualitez , que son aîné l'étoit de deffauts : cependant malgré la difference d'humeurs , on voyoit entre ces deux freres une union si parfaite que tout le monde en étoit surpris. Outre les bonnes qualitez de l'ame qu'avoit le Prince cadet ; la beauté de son visage & la grace de sa personne étoient si remarquables , qu'elles l'avoient fait nommer *Bel-à-voir.* C'étoit le Prince Riche-cautele qui avoit inspiré à l'Ambassadeur du Roy son pere , ce trait de mauvaise foy que l'adresse de Finette avoit fait retomber fur eux. Riche-cautele qui n'aimoit déja gueres le Roy pere des Princesses, avoit achevé par là de le prendre en aversion : ainsi quand il feut les précautions que ce Prince avoit pris à l'égard de ses filles, il se fit un pernicieux plaisir de tromper la prudence d'un pere si foupçonneux. Riche-cautele obtint permission du Roy fon pere d'aller faire voyage fous des pretextes qu'il inventa , & il prit des mefures qui le firent parvenir à entrer dans la Tour des Princesses comme vous avez vû.

En examinant le Château ce Prince remarqua qu'il étoit facile aux Princesses de se faire entendre des paffans , & il en conclut qu'il devoit refter dans fon déguifement pendant tout le jour; parce qu'elles pouroient bien, si elles s'en avisoient, appeller du monde & le faire punir de son entreprise témeraire. Il conserva donc toute la journée les habits & le personnage d'une gueuse de profession; & le soir, lors que les trois sœurs eurent soupé, Riche-cautele jetta les haillons qui le couvroient & laissa voir des habits de Cavalier tous couverts d'or & de pierreries. Les pauvres Princesses furent si épouventées de cette vûe, que toutes se mirent à fuir avec précipitation. Finette & Babillarde qui étoient agiles, eurent bien-tôt gagné leur chambre: mais Nonchalante qui avoit à peine l'usage de marcher, fut en un instant atteinte par le Prince.

Aussi-tôt il se jetta à ses pieds, luy déclara qui il étoit, & luy dit que la reputation de sa beau-

té & ſes Portraits l'avoient engagé à quiter une Cour delicieu-
ſe pour luy venir offrir ſes vœux
& ſa foy. Nonchalante fut d'a-
bord ſi éperduë, qu'elle ne pouvoit repondre au Prince, qui é-
toit toûjours à ſes genoux : mais
comme en luy diſant mille douceurs & luy faiſant mille prote-
ſtations, il la conjuroit avec ardeur de le recevoir pour Epoux
dés ce moment-là même ; ſa mo-
leſſe naturelle, ne luy laiſſant
pas la force de diſputer, elle
dit nonchalamment à Riche-cautele, qu'elle le croyoit ſincere
& qu'elle acceptoit ſa foy. Elle
n'obſerva pas de plus grandes
formalitez que celles-là dans la
concluſion de ce mariage : mais
auſſi elle en perdit ſa Quenoüille ; elle ſe briſa en mille morceaux.

Cependant Babillarde & Fi-

nette étoient dans des inquiétudes étranges. Elles a-
voient gagné ſéparément leurs
chambres, & elles s'y étoient enfermées : Ces chambres étoient
aſſez éloignées l'une de l'autre ;
& comme chacune de ces Princeſſes ignoroit entierement le deſtin de ſes ſœurs, elles paſſerent
la nuit ſans fermer l'œil. Le
lendemain le pernicieux Prince
mena Nonchalante dans un ap-
partement bas qui étoit au bout
du jardin : & là cette Princeſſe
témoigna à Riche-cautele l'in-
quiétude où elle étoit de ſes
ſœurs, quoyqu'elle n'oſât ſe pré-
ſenter devant elles, dans la crainte qu'elles ne blâmaſſent fort ſon
mariage. Le Prince luy dit qu'il
ſe chargeoit de le leur faire a-
prouver ; & aprés quelques diſcours il ſortit, & enferma Nonchalante ſans qu'elle s'en aper-

çût : ensuite il se mit à chercher les Princesses avec soin.
Il fut quelque temps sans pouvoir découvrir dans quelles chambres elles étoient enfermées : Enfin l'envie qu'avoit Babillarde de
toûjours parler, étant cause que
cette Princesse parloit toute seule en se plaignant ; le Prince s'a-
procha de la porte de sa chambre & la vit par le trou de la
serrure.

Riche-cautele luy parla au travers de la porte, & luy dit, comme il avoit dit à sa sœur, que
c'étoit pour luy offrir son cœur
& sa foy, qu'il avoit fait l'entreprise d'entrer dans la Tour : Il
loüoit avec exageration sa beauté & son esprit ; & Babillarde
qui étoit tres-persuadée qu'elle
possedoit un merite extrême, fut
assez folle pour croire ce que le
Prince luy disoit : elle luy répon-

dit un flux de paroles qui n'é-
toient pas trop deſobligeantes.
Il falloit que cette Princeſſe euſt
une étrange fureur de parler pour
s'en aquiter comme elle faiſoit
dans ces momens ; car elle étoit
dans un abatement terrible : outre qu'elle n'avoit rien mangé de
la journée, par la raiſon qu'il
n'y avoit rien dans ſa chambre propre à manger. Comme elle étoit
d'une pareſſe extrême & qu'elle
ne ſongeoit jamais à rien qu'à toûjours parler, elle n'avoit pas la
moindre prévoyance : quand elle
avoit beſoin de quelque choſe,
elle avoit recours à Finette ; &
cette aimable Princeſſe qui étoit
auſſi laborieuſe & prevoyante
que ſes ſœurs l'étoient peu,
avoit toûjours dans ſa chambre
une infinité de Maſſepains, de
Pâtes, & de Confitures ſeches
& liquides, qu'elle avoit fait el-

le même. Babillarde donc qui n'avoit pas un pareil avantage, se sentant pressée par la faim & par les tendres protestations que luy faisoit le Prince au travers de la porte, l'ouvrit enfin à ce seducteur, & quand elle eût ouvert, il fit encore parfaitement le Comedien auprés d'elle : il avoit bien étudié son rôle.

Ensuite ils sortirent tous deux de cette chambre & s'en allerent à l'Office du Château, où ils trouverent toutes sortes de rafraîchissemens : car le Corbillon en fournissoit toûjours les Princesses d'avance. Babillarde continuoit d'abord à être en peine de ce qu'étoient devenuës ses sœurs : mais elle s'alla mettre dans l'esprit, sur je ne sai quel fondement, qu'elles étoient sans doute toutes deux enfermées dans la chambre de Finette, où

elles

elles ne manquoient de rien.
Riche-cautele fit tous ſes efforts
pour la confirmer dans cette
penſée, & luy dit qu'ils iroient
trouver ces Princeſſes vers le
ſoir. Elle ne fut pas de cet a-
vis, elle répondit qu'il falloit
aller les chercher quand ils auroient mangé.

Enfin le Prince & la Princeſſe mangerent enſemble de fort
bon accord; & aprés qu'ils eurent achevé, Riche-cautele demanda à aller voir le bel apartement du Château: Il donna la
main à la Princeſſe, qui le mena dans ce lieu; & quand il y
fut, il recommença à exagerer la
tendreſſe qu'il avoit pour elle &
les avantages qu'elle trouveroit
en l'épouſant: Il luy dit, comme
il avoit dit à Nonchalante, qu'elle devoit accepter ſa foy au moment même; parce que ſi elle

Y

alloit trouver ses sœurs , avant
que de l'avoir receu pour Epoux ,
elles ne manqueroient pas de s'y
opposer : puisqu'étant sans con-
tredit le plus puissant Prince voisin , il paroissoit plus vraysembla-
blement un party pour l'aînée
que pour elle : qu'ainsi cette
Princesse ne consentiroit jamais
à une union qu'il souhaittoit a-
vec toute l'ardeur imaginable.
Babillarde , aprés bien des discours qui ne signifioient rien , fut
aussi extravagante qu'avoit été
sa sœur : elle accepta le Prince
pour Epoux , & ne se souvint
des effets de sa Quenoüille de
verre , qu'aprés que cette Quenoüille fut cassée en cent pieces.

Vers le soir Babillarde retourna dans sa chambre avec le Prince , & la premiere chose que vit
cette Princesse , ce fut sa Que-

noüille de verre en morceaux :
Elle se troubla à ce spectacle :
le Prince luy demanda le sujet
de son trouble : Comme la rage
de parler la rendoit incapable
de rien taire, elle dit sottement
à Riche-cautele le mistere des
Quenoüilles; & ce Prince eut une
joye de scelerat, de ce que le
Pere des Princesses seroit par là
entierement convaincu de la
mauvaise conduite de ses filles.

Cependant Babillarde n'étoit
plus en humeur d'aller chercher
ses sœurs ; elle craignoit avec raison qu'elles ne pussent aprouver
sa conduite : mais le Prince s'of-
frit de les aller trouver, & dit,
qu'il ne manqueroit pas de
moyens pour les persuader de
l'aprouver : Aprés cette assuran-
ce, la Princesse qui n'avoit point
dormi la nuit, s'assoupit, &
pendant qu'elle dormoit Riche-

cautele l'enferma à la clef, comme il avoit fait Nonchalante.

N'est-il pas vray belle Comtesse, que ce Riche-cautele étoit un grand scelerat, & ces deux Princesses de lâches & imprudentes personnes ? Je suis fort en colere contre tous ces gens-là, & je ne doute pas que vous n'y soyez beaucoup aussi : mais ne vous inquietez point; ils seront tous traitez comme ils meritent : Il n'y aura que la sage & courageuse Finette qui triomphera.

Quand ce Prince perfide eût enfermé Babillarde, il alla dans toutes les chambres du Château les unes aprés les autres, & comme il les trouva toutes ouvertes, il conclut qu'une seule, qu'il voyoit fermée par dedans, étoit assurément celle où s'étoit retirée Finette. Comme il avoit composé une Harangue circulaire,

Il s'en alla debiter à la porte de Finette les mêmes chofes qu'il avoit dit à fes fœurs : Mais cette Princeffe, qui n'étoit pas une dupe comme fes aînées, l'écouta affez long-temps fans luy répondre : Enfin voyant qu'il étoit éclairci qu'elle étoit dans cette chambre, elle luy dit, que s'il étoit vray qu'il eût une tendreffe auffi forte & auffi fincere pour elle qu'il vouloit le luy perfuader ; elle le prioit de defcendre dans le jardin, & d'en fermer la porte fur luy, & qu'aprés elle luy parleroit tant qu'il voudroit par la fenêtre de fa chambre qui donnoit fur ce jardin.

Riche-cautele ne voulut point accepter ce party, & comme la Princeffe s'opiniâtroit toûjours à ne point vouloir ouvrir, ce mechant Prince, outré d'impatience, alla querir une buche

& enfonça la porte. Il trouva Finette armée d'un gros marteau qu'on avoit laissé par hazard dans une garderobe qui étoit proche de sa chambre. L'émotion animoit le teint de cette Princesse, & quoy-que ses yeux fussent pleins de colere, elle parut à Riche-cautele d'une beauté à enchanter. Il voulut se jetter à ses pieds : mais elle luy dit fierement en se reculant : Prince, si vous aprochez de moy je vous fendray la tête avec ce marteau. Quoy ! belle Princesse ! s'écria Riche-cautele de son ton d'hypocrite, l'amour qu'on a pour vous s'atire une si cruelle haîne ? Il se mit à luy prôner de nouveau, mais d'un bout de la chambre à l'autre, l'ardeur violente que luy avoit inspiré la reputation de sa beauté & de son esprit merveilleux : Il ajoû-

ta qu'il ne s'étoit déguiſé que
pour venir luy offrir avec reſpect ſon cœur & ſa main ; &
luy dit qu'elle devoit pardonner à la violence de ſa paſſion
la hardieſſe qu'il avoit eu d'en-
foncer ſa porte. Il finit en luy
voulant perſuader , comme il a-
voit fait à ſes ſœurs, qu'il étoit
de ſon intereſt de le recevoir
pour Epoux au plus vîte.
Il dit encore à Finette qu'il ne
ſavoit pas où s'étoient retirées
les Princeſſes ſes ſœurs ; parce
qu'il ne s'étoit pas mis en peine de les chercher, n'ayant ſon-
gé qu'à elle. L'adroite Princeſſe , feignant de ſe radoucir, luy
dit qu'il falloit chercher ſes
ſœurs , & qu'aprés on pren-
droit des meſures tous enſem-
bles : mais Riche-cautele luy
répondit qu'il ne pouvoit ſe reſoudre à aller trouver les Prin-

ceſſes, qu'elle n'eût conſenty à l'épouſer ; parce que ſes ſœurs ne manqueroient pas de s'y op- poſer, à cauſe de leur droit d'aî- neſſe.

Finette, qui ſe défioit avec raiſon de ce Prince perfide, ſen- tit redoubler ſes ſoupçons par cette réponſe : elle trembla de ce qui pouvoit être arrivé à ſes ſœurs, & ſe reſolut de les van- ger du même coup qui luy fe- roit éviter un malheur pareil à celuy qu'elle jugeoit qu'elles a- voient eu. Cette jeune Princeſ- ſe dit donc à Riche-cautele, qu'elle conſentoit ſans peine à l'épouſer : mais qu'elle étoit per- ſuadée que les mariages qui ſe faiſoient le ſoir étoient toûjours malheureux : qu'ainſi elle le prioit de remettre la cérémonie de ſe donner une foy recipro- que au lendemain matin. Elle

ajouta

ajoûta qu'elle l'assuroit de n'a-
vertir les Princesses de rien, &
luy dit q'uelle le prioit de
la laisser un peu de temps seule
pour penser au Ciel; qu'en suite elle le meneroit dans une
chambre où il trouveroit un fort
bon lit, & qu'aprés elle revien-
droit s'enfermer chez elle jusqu'au lendemain.

Riche-cautele qui n'étoit pas
un fort courageux personnage,
& qui voyoit toûjours Finette
armée du gros marteau, dont
elle badinoit comme on fait d'un
évantail, Riche-cautele, dis-je,
consentit à ce que souhaitoit la
Princesse, & se retira pour la laisser quelque temps méditer. Il
ne fut pas plûtôt éloigné que
Finette courut faire un lit sur le
trou d'un Egoût qui étoit dans
une chambre du Château. Cette
chambre étoit aussi propre qu'une

Z

autre : mais on jettoit dans le
trou de cet égout qui étoit fort
ſpacieux , toutes les ordures du
Château. Finette mit ſur ce trou
deux bâtons croiſez tres-foibles ,
puis elle fit bien proprement un
lit par deſſus , & s'en retourna
auſſi - tôt dans ſa chambre.
Un moment aprés Riche-cautele
y revint & la Princeſſe le con-
duiſit où elle venoit de faire le
lit & ſe retira. Le Prince , ſans
ſe deshabiller , ſe jetta ſur le lit
avec précipitation , & ſa peſan-
teur ayant fait tout d'un coup
rompre les petits bâtons , il tomba au fond de l'Egoût , ſans
pouvoir ſe retenir , en ſe faiſant
vingt boſſes à la tête , & en ſe
fracaſſant de tous côtez. La
chute du Prince fit un grand
bruit dans le tuyau : d'ailleurs
il n'étoit pas éloigné de la chambre de Finette ; elle ſût auſſi-

tôt que son artifice avoit eu
tout le succés qu'elle s'étoit pro-
mis , & elle en ressentit une
joye secrete qui luy fut extrêmement agréable : On ne peut
pas décrire le plaisir qu'elle eut
de l'entendre barboter dans l'é-
gout. Il meritoit bien cette punition : & la Princesse avoit raison d'en être satisfaite.

Mais sa joye ne l'occupoit pas
si fort qu'elle ne pensât plus à
ses sœurs : Son premier soin fut
de les chercher. Il luy fut facile de trouver Babillarde : Riche-
cautele aprés avoir enfermé cette
Princesse à double tour , avoit
laissé la clef à sa chambre : Finette entra dans cette chambre
avec empressement , & le bruit
qu'elle fit reveilla sa sœur en
sursaut. Elle fut bien confuse
en la voyant : Finette luy raconta de quelle maniere elle s'étoit

défaite du Prince fourbe qui é-
toit venu pour les outrager. Babillarde fut frapée de cette nouvelle comme d'un coup de foudre : car malgré son caquet elle
étoit si peu éclairée qu'elle avoit
crû ridiculement , tout ce que
Riche-cautele luy avoit dit. Il
y a encore des dupes comme
celle- là au monde. Cette Princesse dissimulant l'excés de sa
douleur sortit de sa chambre
pour aller avec Finette chercher
Nonchalante : Elles parcouru-
rent toutes les chambres du
Château sans trouver leur sœur:
enfin Finette s'avisa qu'elle pouvoit bien être dans l'apartement
du jardin : Elles l'y trouverent
en effet demi morte de desef-
poir & de foiblesse ; car elle n'a-
voit pris aucune nouriture de la
journée. Les Princesses luy donnerent tous les secours necessai-

res ; ensuite elles firent ensembles des éclaircissemens qui mirent Nonchalante & Babillarde dans une douleur mortelle : puis toutes trois s'allerent reposer.

Cependant Riche-cautele passa la nuit fort mal à son aise, & quand le jour fut venu, il ne fut gueres mieux. Ce Prince se trouvoit dans des Cavernes dont il ne pouvoit pas voir toute l'horreur, parce que le jour n'y donnoit jamais : Neanmoins à force de se tourmenter, il trouva l'issuë de l'égout, qui donnoit dans une Riviere assez éloignée du Château. Il trouva moyen de se faire entendre à des gens qui peschoient dans cette Riviere, dont il fut tiré dans un état qui fit compassion à ces bonnes gens.

Il se fit transporter à la Cour du Roy son pere pour se guerir à loisir, & la disgrace qui luy étoit arrivée luy fit prendre une si forte haîne contre Finette, qu'il songea moins à se guerir qu'à se venger d'elle.

Cette Princesse passoit des momens bien tristes; la gloire luy étoit mille fois plus chere que la vie, & la honteuse foiblesse de ses sœurs la mettoit dans un desespoir dont elle avoit peine à se rendre maîtresse. Cependant la mauvaise santé de ces deux Princesses, qui étoit causée par les suites de leurs mariages indignes, mit encore la constance de Finette à l'épreuve. Riche-cautele, qui étoit déja un habile fourbe, rapella tout son esprit depuis son avanture pour devenir fourbissime: L'égout, ni les contusions, ne luy donnoient pas tant de chagrin, que le dépit d'avoir trouvé quelqu'un plus fin que luy. Il se douta des sui-

tes de ſes deux mariages ; & pour
tenter les Princeſſes malades, il
fit porter ſous les fenêtres de
leur Château de grandes caiſſes
remplies d'arbres tous chargez
de beaux fruits. Nonchalante &
Babillarde qui étoient ſouvent
aux fenêtres, ne manquerent pas
de voir ces fruits : auſſi tôt il leur
prit une envie violente d'en manger, & elles perſecuterent Finette
de deſcendre dans le Corbillon
pour en aller cüeillir. La complaiſance de cette Princeſſe fut
aſſez grande pour vouloir bi.n
contenter ſes ſœurs : elle deſcendit & leur raporta de ces
beaux fruits, qu'elles mangerent avec la derniere avidité.

Le lendemain il parut des fruits
d'une autre eſpéce. Nouvelle
envie des Princeſſes : nouvelle
complaiſance de Finette : mais
des Officiers de Riche-cautele

cachez & qui avoient manqué
leur coup la premiere fois, ne le
manquerent pas celle-cy : Ils se
saisirent de Finette & l'emmene-
rent aux yeux de ses sœurs qui
s'arrachoient les cheveux de desespoir.

Les Satellites de Riche-cautele firent si bien qu'ils mene-
rent Finette dans une maison de
campagne où étoit le Prince pour
achever de se remettre en santé.
Comme il étoit transporté de
fureur contre cette Princesse ; il
luy dit cent choses brutales, à
quoy elle répondit toûjours a-
vec une fermeté & une grandeur d'ame digne d'une heroïne
comme elle étoit. Enfin aprés
l'avoir gardée quelques jours
prisonniere, il la fit conduire au
sommet d'une montagne extrêmement haute, & il y arriva
luy même un moment aprés elle.

Dans ce lieu il luy annonça qu'on l'alloit faire mourir d'une maniere qui le vengeroit des tours qu'elle luy avoit fait: Enſuite ce perfide Prince montra barbarement à Finette un Tonneau tout heriſſé par dedans de canifs, de raſoirs & de clous à crochet, & luy dit que pour la punir comme elle le meritoit on l'alloit jetter dans ce Tonneau; puis le rouler du haut de la montagne en bas. Quoy que Finette ne fût pas Romaine, elle ne fut pas plus effrayée du ſuplice qn'on luy préparoit, que Regulus l'avoit été autrefois à la vûë d'un deſtin pareil : Cette jeune Princeſſe conſerva toute ſa fermeté & même toute ſa préſence d'eſprit. Riche-cautele, au lieu d'admirer ſon caractere heroïque, en prit une nouvelle rage contre elle, & ſongea à hâter sa mort. Dans cette vûe, il se baissa vers l'entrée du Tonneau, qui devoit être l'instrument de sa vengeance, pour examiner s'il étoit bien fourny de toutes ses armes meurtrieres. Finette qui vit son persecuteur attentif à regarder, ne perdit point de temps ; elle le jetta habilement daus le Tonneau, & elle le fit rouler du haut de la montagne en bas, sans donner au Prince le temps de se reconnoître. Aprés ce coup elle prit la fuite, & les Officiers du Prince, qui avoient vû avec une extrême douleur la maniere cruelle dont leur Maître vouloit traiter cette aimable Princesse n'eurent garde de courir aprés elle pour l'arrêter. D'ailleurs ils étoient si effrayez de ce qui venoit d'arriver à Riche-cautele, qu'ils ne pûrent

fonger à autre chofe qu'à tâcher d'arrêter le Tonneau qui
rouloit avec violence : mais leurs
foins furent inutiles : il roula jufqu'au bas de la montagne, &
ils en tirerent leur Prince couvert de mille playes.

L'accident de Riche-cautele
mit au defefpoir le Roy Moult-
benin & le Prince Bel à-voir.
Pour les Peuples de leurs états,
ils n'en furent point touchez :
Riche cautele en étoit tres haï ;
& même l'on s'étonnoit de ce
que le jeune Prince qui avoit
des fentimens fi nobles & fi
genereux, pût tant aimer cette
indigne aîné : Mais tel étoit le
bon naturel de Bel-à-voir qu'il
s'attachoit fortement à tous ceux
de fon fang ; & Riche-cautele
avoit toûjours eu l'adreffe de luy
témoigner tant d'amitié, que ce
genereux Prince n'auroit jamais

pû se pardonner de n'y pas répondre avec vivacité. Bel-à-voir
eut donc une douleur violente
des blessures de son frere, & il
mit tout en usage pour tâcher
de les guerir promptement : cependant malgré les soins empres-
sez que tout le monde en prit,
rien ne soulageoit Riche-cautele :
au contraire ses playes sembloient toûjours s'envenimer de
plus en plus ; & le faire souffrir long-temps.

Finette, aprés s'être dégagée
de l'effroyable danger qu'elle a-
voit couru, avoit encore rega-
gné heureusement le Château
où elle avoit laissé ses sœurs ;
& elle n'y fut pas long-temps
sans être livrée à de nouveaux
chagrins. Les deux Princesses
mirent au monde chacune un
fils, dont Finette se trouva fort
embarassée. Cependant le cou-

rage de cette jeune Princesse ne
s'abatit point : l'envie qu'elle eut
de cacher la honte de ses sœurs
la fit resoudre à s'exposer encore une fois , quoiqu'elle en
vît bien le peril. Elle prit pour
faire reüssir le dessein qu'elle a-
voit , toutes les mesures que
la prudence peut inspirer : elle
se déguisa en homme : enferma
les enfans de ses sœurs dans des
Boistes , & elle y fit des petits
trous vis-à-vis la bouche de ces
enfans pour leur laisser la res-
piration : elle prit un cheval :
emporta ces Boistes & quelques
autres : & dans cet équipage
elle arriva à la ville capitale du
Roy Moult-benin, où étoit Riche-cautele.

Quand Finette fut dans cette
Ville, elle aprit que la maniere
magnifique dont le Prince Bel-
à-voir recompensoit les remedes

qu'on donnoit à ſon frere avoit
attiré à la Cour tous les Char-
latans de l'Europe : Car dés ce
temps-là il y avoit quantité d'a-
venturiers ſans employ, ſans talent, qui ſe donnoient pour des
hommes admirables, qui avoient
receu des dons du Ciel pour gué-
rir toutes ſortes de maux. Ces
gens, dont la ſeule ſcience étoit
de fourber hardiment, trouvoient toûjours beaucoup de
croyance parmy les peuples : Ils
ſçavoient leur impoſer par leur
exterieur extraordinaire, & par
les noms bizares qu'ils prenoient.
Ces ſortes de Medecins ne re-
ſtent jamais dans le lieu de leur
naiſſance, & la prérogative de
venir de loin, ſouvent leur tient
lieu de merite chez le vulgaire.

L'ingenieuſe Princeſſe, bien
informée de tout cela, ſe donna un nom parfaitement étran-

ger pour ce Royaume-là : ce nom
étoit Sanatio ; Puis elle fit annoncer de tous côtez que le Che-
valier Sanatio étoit arrivé avec
des secrets merveilleux pour guerir toutes sortes de blessures les
plus dangereuses & les plus en-
venimées. Aussi-tôt Bel-à-voir
envoya querir le prétendu Che-
valier. Finette vint : fit le Me-
decin empirique le mieux du
monde : debita cinq ou six mots
de l'art d'un air Cavalier ; rien
n'y manquoit. Cette Princesse
fut surprise de la bonne mine
& des manieres agreables de
Bel-à-voir, & aprės avoir raisonné quelque temps avec ce
Prince au sujet des blessures de
Riche-cautele, elle dit qu'elle
alloit querir une bouteille d'un
eau incomparable, & que cependant elle laissoit deux Boistes qu'elle avoit aportées, qui

contenoient les onguents exce-
lens, propres au Prince bleffé.

Là deffus le prétendu Mede-
cin fortit ; il ne revenoit point :
l'on s'impatientoit beaucoup de
le voir tant tarder. Enfin, comme on alloit envoyer le preffer
de revenir, on entendit des cris
de petits enfans dans la chambre de Riche-cautele. Cela fur-
prit tout le monde ; car il ne
paroiffoit point d'enfans : Quelqu'un préta l'oreille , & on découvrit que ces cris venoient
des boëtes de l'Empirique.

C'étoit en effet les neveux de
Finette. Cette Princeffe leur a-
voit fait prendre beaucoup de
nouriture avant que de venir au
Palais : mais comme il y avoit
déja long-temps, ils en fouhai-
toient de nouvelle , & ils ex-
pliquoient leurs befoins en chan-
tant fur un ton dolent. On ouvrit

vrit les boëtes , & l'on fut fort
ſurpris d'y voir bien effectivement deux Marmots qu'on trouva fort jolis. Riche-cautele ſe
douta auſſi-tôt que c'étoit encore un nouveau tour de Finette : il en conçut une fureur qu'on
ne peut pas dire , & ſes maux
en augmenterent à un tel point,
qu'on vit bien qu'il falloit qu'il
en mourût.

Bel-à-voir en fut pénétré de
douleur , & Riche-cautele, perfide juſqu'à ſon dernier moment,
ſongea à abuſer de la tendreſſe
de ſon frere. Vous m'avez toûjours aimé , Prince , luy dit-il,
& vous pleurez ma perte : Je
n'ay plus beſoin des preuves de
vôtre amitié par raport à la vie.
Je meurs : mais ſi je vous ai été
veritablement cher , promettez-
moy de m'accorder la priere que
je vais vous faire.

Bel-à-voir qui dans l'état où il voyoit son frere se sentoit incapable de luy rien refuser, luy promit avec les plus terribles sermens de luy accorder tout ce qu'il luy demandoit. Aussi-tôt que Riche-cautele eut entendu ces sermens, il dit à son frere en l'embrassant : Je meurs consolé, Prince, puisque je seray vangé : Car la priere que j'ay à vous faire, c'est de demander Finette en mariage aussi-tôt que je seray mort : Vous obtiendrez sans doute cette maligne Princesse, & dés qu'elle sera en vôtre pouvoir vous luy plongerez un poignard dans le sein. Bel-à-voir fremit d'horreur à ces mots : il se repentit de l'imprudence de ses sermens : mais il n'étoit plus temps de se dédire, & il ne voulut rien témoigner de son repentir à son frere ; qui

expira peu de temps aprés. Le
Roy Moult-benin en eut une
ſenſible douleur : Pour ſon peuple, loin de regretter Riche-
cautele, il fut ravi que ſa mort
aſſurât la ſucceſſion du Royaume à Bel-à-voir, dont le merite
étoit chery de tout le monde.

Finette qui étoit encore une
fois heureuſement retournée a-
vec ſes ſœurs, aprit bien-tôt la
mort de Riche-cautele, & peu
de temps aprés on annonça aux
trois Princeſſes le retour du Roy
leur pere. Ce Prince vint avec
empreſſement dans leur Tour,
& ſon premier ſoin fut de demander à voir les Quenoüilles
de verre. Nonchalante alla querir la Quenoüille de Finette, la
montra au Roy ; puis ayant fait
une profonde reverence, elle
reporta la Quenoüille où elle
l'avoit priſe. Babillarde fit le

même manége, & Finette à son
tour aporta sa Quenoüille : Mais
le Roy, qui étoit soupçonneux,
voulut voir les trois Quenoüilles à la fois : il n'y eut que Finette qui put montrer la sienne,
& le Roy entra dans une telle
fureur contre ses deux filles aînées, qu'il les envoya à l'heure
même à la Fée qui luy avoit
donné les Quenoüilles, en la
priant de les garder toute leur
vie auprés d'elle & de les punir comme elles le meritoient.

Pour commencer la punition
des Princesses, la Fée les mena dans une galerie de son
Château enchanté, où elle a-
voit fait peindre l'Histoire d'un
nombre infiny de femmes illustres, qui s'étoient renduës celebres par leurs vertus & par
leur vie laborieuse. Par un effet merveilleux de l'art de fée-

rie, toutes ces figures avoient
du mouvement & étoient en a-
ction depuis le matin juſqu'au
ſoir: On voyoit de tous côtez
des trophées & des deviſes à
la gloire de ces femmes ver-
tueuſes ; & ce ne fut pas une
legere mortification pour les
deux ſœurs, de comparer le
triomphe de ces heroïnes avec
la ſituation mépriſable où leur
malheureuſe imprudence les a-
voit reduit. Pour comble de
chagrin, la Fée leur dit avec
gravité, Que ſi elles s'étoient
auſſi-bien occupées que celles
dont elles voyoient les Tableaux,
elles ne ſeroient pas tombées
dans les indignes égaremens où
elles s'étoient perduës, mais que
l'oiſiveté étoit *mere de tous vices*
& la ſource de tous leurs malheurs. La Fée ajoûta que pour
les empêcher de retomber ja-

mais dans des malheurs pareils,
& pour leur faire reparer le
temps qu'elles avoient perdu,
elle alloit les occuper d'une bonne maniere. En effet elle obligea les Princesses de s'emploier
aux travaux les plus grossiers
& les plus vils, & sans égard
pour leur teint, elles les envoyoit cueillir des pois dans
ses jardins & en arracher les
mauvaises herbes. Nonchalante
ne pût resister au desespoir
qu'elle eut de mener une vie si
peu conforme à ses inclinations :
elle mourut de chagrin & de
fatigue. Babillarde qui trouva
moyen, quelque temps aprés,
de s'échaper la nuit du Château de la Fée, se cassa la tête contre un arbre & mourut
de cette blessure entre les mains
des Païsans.

Le bon naturel de Finette lui

fit reſſentir une douleur bien
vive du deſtin de ſes ſœurs; &
au milieu de ſes chagrins elle
aprit que le Prince Bel-à-voir
l'avoit fait demander en mari-
ge au Roy ſon pere, qui l'a-
voit accordée ſans l'en avertir:
car dés ce temps là l'inclination
des parties étoit la moindre
choſe que l'on conſideroit dans
les mariages. Finette trembla à
cette nouvelle : elle craignit a-
vec raiſon que la haîne que
Riche-cautele avoit pour elle
n'eût paſſé dans le cœur d'un
frere dont il étoit ſi cheri ; &
elle aprehenda que ce jeune
Prince ne voulût l'épouſer pour
la ſacrifier à ſon frere. Pleine
de cette inquietude , la Princeſſe alla conſulter la ſage Fée,
qui l'eſtimoit autant qu'elle a-
voit mepriſé Nonchalante & Babillarde.

La Fée ne voulut rien reve-
ler à Finette : elle luy dit seulement : Princesse , vous êtes
sage & prudente : vous n'avez
pris jusqu'icy des mesures si justes pour vôtre conduite , qu'en
vous mettant toûjours dans l'esprit que *défiance est mere de seu-
reté*. Continuez de vous souvenir vivement de l'importance
de cette maxime , & vous par-
viendrez à être heureuse sans
le secours de mon art. Finette
n'ayant pû tirer d'autre éclaircissement de la Fée , s'en retourna au Palais dans une extrême agitation.

Quelques jours aprés cette
Princesse fut épousée par un
Ambassadeur au nom du Prince
Bel-à-voir : & on l'emmena trouver son Epoux dans un équipage magnifique. On luy fit des
entrées de même dans les deux
premieres

premieres Villes frontieres du
Roy Moult-benin ; & dans la
troisiéme elle trouva Bel-à-voir,
qui étoit venu au devant d'elle
par l'ordre de son pere. Tout
le monde étoit surpris de voir
la tristesse de ce jeune Prince
aux approches d'un mariage qu'il
avoit témoigné souhaiter : le Roy
même luy en faisoit la guerre, *
& l'avoit envoyé malgré luy au
devant de la Princesse.

Quand Bel-à-voir la vit, il
fut frapé de ses charmes : il luy
en fit compliment ; mais d'une
maniere si confuse que les deux
Cours qui savoient combien ce
Prince étoit spirituel & galant,
crurent qu'il en étoit si vivement, touché qu'à force d'être
amoureux il perdoit sa presen-
ce d'esprit. Toute la Ville re-
tentissoit de cris de joye, & l'on
n'entendoit de tous côtez que

des concerts & des feux d'artifice. Enfin aprés un soupé magnifique, on songea à mener les deux Epoux dans leur apartement.

Finette qui se souvenoit toûjours de la maxime que la Fée luy avoit renouvellée dans l'esprit, avoit son dessein en tête. Cette Princesse avoit gagné une de ses femmes, qui avoit la clef du cabinet de l'apartement qu'on luy destinoit, & elle avoit donné ordre à cette femme de porter dans ce cabinet de la paille, une vessie, du sang de mouton, & les boyaux de quelques-uns des animaux qu'on avoit mangez au soupé. La Princesse passa dans ce cabinet sous quelque pretexte, & composa une figure de paille dans laquelle elle mit les boyaux & la vessie pleine de sang : Ensuite elle ajusta cette

figure en deshabillé de femme
& en bonnet de nuit. Lorsque
Finette eut achevé cette belle
Marionnette, elle alla rejoindre
la compagnie, & peu de temps
aprés on conduisit la Princesse
& son Epoux dans leur apartement. Quand on eut donné à
la Toillette le temps qu'il luy
falloit donner, la Dame d'honneur emporta les flambeaux &
se retira. Aussi-tôt Finette jetta
la femme de paille dans le lit,
& se cacha dans un coin de la
chambre.

Le Prince aprés avoir soupiré
deux ou trois fois fort haut ;
prit son épée & la passa au travers du corps de la prétenduë
Finette : Au même moment il
sentit le sang ruisseler de tous
côtez, & trouva la femme de
paille sans mouvement. Qu'ay-
je fait ! s'écria Bel à-voir. Quoy !

après tant de cruelles agitations!
Quoy! après avoir tant balancé
si je garderois mes sermens aux
dépens d'un crime, j'ay ôté la
vie à une charmante Princesse
que j'étois né pour aimer! Ses
charmes m'ont ravi dés le moment que je l'ay vûë ; cependant je n'ay pas eu la force de
m'affranchir d'un serment qu'un
frere possedé de fureur avoit exigé de moy par une indigne surprise! Ah! Ciel! peut-on songer à vouloir punir une femme
d'avoir trop de vertu! Hé bien!
Riche-cautele, j'ay satisfait ton
injuste vengeance : mais je vais
vanger Finette à son tour par
ma mort. Oüi, belle Princesse,
il faut que de la même épée...
'A ces mots Finette entendit que
le Prince, qui dans son trans-
port avoit laissé tomber son é-
pée, la cherchoit pour se la

paſſer au travers du corps : elle
ne voulut pas qu'il fît une telle
ſotiſe : ainſi elle luy cria, Prince, je ne ſuis point morte : Vôtre bon cœur m'a fait deviner
vôtre repentir, & par une tromperie innocente, je vous ay é-
pargné un crime.

Là deſſus Finette raconta à
Bel-à-voir la prévoyance qu'elle
avoit eu touchant la femme de
paille. Le Prince, tranſporté de
joye d'aprendre que la Princeſſe vivoit, admira la prudence
qu'elle avoit en toutes ſortes
d'occaſions, & luy eut une o-
bligation infinie de luy avoir é-
pargné un crime à quoy il ne
pouvoit penſer ſans horreur, &
il ne comprenoit pas comment
il avoit eu la foibleſſe de ne pas
voir la nullité des malheureux
ſermens qu'on avoit exigé de
luy par artifice.

Cependant si Finette n'eût pas toûjours été bien persuadée que *défiance est mere de sûreté*, elle eût été tuée, & sa mort eût été cause de celle de Bel-à-voir; & puis aprés on auroit raisonné à loisir sur la bizarerie des sentimens de ce Prince. Vive la prudence & la présence d'esprit! elles preserverent ces deux Epoux de malheurs bien funestes, pour les reserver à un destin le plus doux du monde. Ils eurent toûjours l'un pour l'autre une tendresse extrême, & passerent une longue suite de beaux jours dans une gloire & dans une felicité qu'on auroit peine à bien décrire.

Voila, Madame, la tres-merveilleuse Histoire de Finette. Je vous avoüe que je l'ay brodée, & que je vous l'ay contée un peu au long: mais quand on

dit des Contes, c'eſt une marque que l'on n'a pas beaucoup
d'affaires : on cherche à s'amuſer , & il me paroît qu'il ne
coûte pas plus de les allonger,
pour faire durer davantage la
converſation. D'ailleurs il me
ſemble que les circonſtances
font le plus ſouvent l'agrément
de ces Hiſtoriettes badines. Vous
pouvez croire, charmante Comteſſe , qu'il eſt facile de les re-
duire en abregé : Je vous aſſu-
re que quand vous voudrez je
vous diray les avantures de Finette en fort peu de mots. Cependant ce n'eſt pas ainſi que
l'on me les racontoit quand j'é-
tois enfant : le recit en duroit
au moins une bonne heure.

Je ne doute pas que vous
ne ſçachiez que ce Conte eſt
tres-fameux : mais je ne ſçay
ſi vous êtes informée de ce

que la tradition nous dit de son antiquité. Elle nous assure que les Troubadours, ou Conteurs de Provence, ont inventé Finette, bien long-temps devant qu'Abbellard, ni le celebre Comte Thibaud de Champagne eussent produit des Romans. Ces sortes de Fables renferment une bonne morale : Vous avez remarqué, avec beaucoup de justesse, qu'on fait parfaitement bien de les raconter aux Enfans, pour leur inspirer l'amour de la vertu. Je ne sçay pas si dans cet âge on vous a parlé de Finette, mais pour moy

> Cent & cent fois ma Gouvernante,
> Au lieu de Fables d'animaux,
> M'a raconté les traits moraux
> De cette Histoire surprenante.
> On y voit accablé de maux
> Un Prince dangereux qu'une noire malice

Entraîna dans l'horreur du vice.
On y voit naturellement
Que deux imprudentes Princeſſes,
Qui paſſoient tous leurs jours dans de
vaines moleſſes,
Et tomberent indignement
Dans un affreux égarement,
Receurent pour le prix de leurs lâches
foibleſſes
Un prompt & juſte châtiment.
Mais autant que l'on voit dans cette
belle Hiſtoire
Le vice puny, malheureux:
Autant on voit les vertueux
Triomphans & couverts de gloire.
Aprés mille incidens, qu'on ne ſauroit
prévoir,
La ſage & prudente Finette
Et le genereux Bel-à-voir
Goûtent une gloire parfaite.
Oüi, ces Contes frapent beaucoup,
Plus que ne font les faits & du Singe &
du Loup;
J'y prenois un plaiſir extrême,
Tous les enfans en font de même:
Mais ces Fables plairont juſqu'aux plus
grands eſprits,
Si vous voulez, belle Comteſſe,

Par vos heureux talens orner de tels
　　recits.
　　　　L'antique Gaule vous en preſſe :
　　　　Daignez - donc mettre dans leurs
　　　　　　jours
Les Contes ingenus , quoique remplis
　　d'adreſſe ,
　　　　Qu'ont inventé les Troubadours.
Le ſens miſterieux que leur tour enve-
　　lope
　　　　Egale bien celuy d'Eſope.

A MADAME D. G**

JE ſai, Madame, que le grand nombre de vos pieuſes occupations ne vous empêche pas de vous divertir quelquefois par la lecture des ouvrages d'eſprit, & que vous ſouhaitez d'être informée du caractere des nouveautez qu'il produit. Cette humeur chagrine qui paroît dans certaines perſonnes qu'on nomme pieuſes, & qui les rend farouches, ne ſe trouve point en vous, quoique vous rempliſſiez tous les devoirs d'une pieté profonde & ſolide. Ainſi je me fais un plaiſir de vous annoncer aujourd'huy, qu'on eſt devenu depuis quelque temps du goût dont vous êtes. On voit de petites Histoires repanduës dans le monde , dont tout le dessein est de prouver agreablement la solidité des Proverbes. Nos ancêtres , qui étoient ingenieux dans leur simplicité , s'apercevant que les maximes les plus sages s'impriment mal dans l'esprit, si on les luy presente toutes nuës , les habillerent, pour parler ainsi , & les firent paroître sous des ornemens. Ils les exposerent dans de petites Histoires qu'ils inventerent , ou dans le recit de quelques évenemens qu'ils embellirent : Et comme ces recits n'avoient pour but que l'instruction des jeunes gens , & qu'il n'y a que le merveilleux qui frape bien vivement l'imagination, ils n'en furent pas avares ; les prodiges sont frequens dans leurs Fables. Cependant leur dessein me paroît fort bien conçu & assez heureusement executé pour le temps : Car il n'y a rien de plus capable de rendre l'esprit juste & éclairé, que de le remplir de maximes sages ; & rien n'est plus capable d'en instruire les jeunes gens, que de leur aprendre le bonheur, ou l'infortune de ceux qui ont suivi, ou négligé ces regles de la vie.

Des faits bizarres pour la plûpart : des Proverbes épurez aux rayons du bon sens : voila pour vous d'amples sujets de refléchir & de moraliser ! J'ay été charmée que la mode entrât si bien dans vôtre goût : car je n'ay pas oublié la conversation que nous eûmes dans l'Hôtel de S. C. touchant les Proverbes, dont vous savez un si grand nombre de jolis dans diverses Lan-

gues. Je me souviens parfaitement combien vous vous éton-
niez qu'on ne s'avisât point de
faire des Nouvelles , ou des
Contes , qui roulassent sur ces
maximes antiques : On y est enfin venu , & je me suis hazar-
dée à me mettre sur les rangs,
pour marquer mon attachement
à de charmantes Dames , dont
vous connoissez les belles qualitez. Les personnes de leur mérite & de leurs caracteres, sem-
blent nous ramener le temps des
Fées , où l'on voyoit tant de
gens parfaits. Aujourd'huy le
grand mérite est bien rare ; &
je croy qu'avant qu'il soit plus
commun , il faudra revoir ces
temps heureux dont les *Troubadours* nous ont dit tant de merveilles.

Mais je vous parle des Troubadours , comme si j'étois sure

que ces Meſſieurs-là fuſſent de
vôtre connoiſſance. Cependant
malgré les belles lumieres que
vous avez dans les antiquitez,
ils pourroient bien vous être
inconnus. Je vais à tout hazard
vous dire quelque choſe ſur leur
ſujet ; vous ne le lirez point, ſi
vous jugez qu'il n'y ait rien de
nouveau pour vous.

Ce nom eſt Provençal, & il ſi-
gnifie *Trouveurs*, ou *Inventeurs*.
Sans vous aller faire des citations
qui ne ſeroient de vôtre goût,
ni du mien, ſouffrez ſeulement
que je vous renvoye à ce qu'un
Savant des plus illuſtres a dit
ſur leur ſujet dans la belle Diſ-
ſertation qu'il a fait ſur l'Ori-
gine des Romans. Pour moy ce
que je me propoſe de vous en
dire, eſt que les Troubadours
ſont les Auteurs des petites Hiſtoires dont j'ay parlé. Ils étoient

des hommes d'esprit : La Provence en avoit en ce temps-là
plus que le reste de la France,
& elle en a beaucoup encore.
Ils remplirent leurs recits de
prodiges étonnans des Fées &
des Enchanteurs : Et comme en
ce temps-là le bel esprit étoit
tres-chery, on souhaittoit les
Troubadours en tous lieux avec
empressement : ils alloient dans
la campagne réciter leurs Contes chez les personnes de qualité, & ils charmoient tous
ceux qui les écoutoient. En peu
de temps leur réputation devint
si grande, que lors qu'il y avoit
des divertissemens chez les Souverains, on ne les croyoit point
complets, si on n'y avoit entendu quelqu'un de ces Contes merveilleux.

Cependant ces galans Troubadours virent beaucoup en-

cherir sur leurs projets. Avant
eux on n'avoit point entendu
parler de Romans : on en fit :
de siecle en siecle ces sortes de
productions s'embellirent, & elles sont venuës enfin à ce comble de perfection où l'illustre
Mademoiselle de Scudery les a
porté, avec tant d'éclat, que
la posterité conviendra, aussi-
bien que nous, que les admirables Romans de cette savante
fille sont de veritables Poëmes
en Prose : mais d'une Prose aussi
éloquente que polie.

Malgré le progrés des Ro-
mans, la tradition nous a conservé les Contes des Troubadours, & comme ils sont ordinairement remplis de faits sur-
prenans, & qu'ils enferment une
bonne morale, les Grandes-me-
res & les Gouvernantes les ont
toûjours raconté aux Enfans

pour leur mettre dans l'esprit la haîne du vice & l'amour de la vertu. Ils n'ont plus servi qu'à cet usage.

Mais comme par un destin presque inévitable les ouvrages qu'on a porté à leur perfection, ne manquent gueres de dégénerer, les Romans ont perdu beaucoup de leurs beautez : On les a reduit en petit , & dans cet état, il y en a peu qui conservent les graces du stile & les agrémens de l'invention. Contre une Princesse de Cleves, & deux ou trois autres qui ont charmé par la grandeur des sentimens & par la justesse des expressions, on a vû paroître un nombre infini de petits Romans sans goût, sans regle & sans politesse.

Cette décadence des Romans en ayant fait prendre du dégoût, on s'est avisé de remonter à leur

source, & l'on a remis en regne les Contes du ſtile des Troubadours. Un Academicien illuſtre par quantité de beaux ouvrages & par les lumieres admirables qu'il a dans tous les
beaux arts, a mis en Vers des
Contes de ce caractere, qui ont
eu une aprobation univerſelle.
Enſuite on en a fait en Proſe;
& enfin cette mode eſt devenuë
générale.

Celle des *Romances* l'a ſuivie.
Comme ce mot vous eſt peut-
être encore moins connu que
celuy de Troubadour, je vais
auſſi vous en dire quelque choſe.

Les Eſpagnols apellent *Roman-
cés*, certaines Chanſons tendres,
galantes, & même quelquefois
ſatiriques, dont ils font pluſieurs
couplets ſur le même air. On
donne un pareil nom ici à des

Chansons Pastorales; où l'on fait regner une certaine tendresse, naïve, & champêtre. On le donne encore aux Chansons où il regne seulement une galante & naïve badinerie, quoiqu'elles ne soient pas pastorales : on en fait aussi les divers couplets sur un même air ; & l'on choisit toûjours quelqu'un de ces airs celebres par leur antiquité, & par la simplicité outrée des paroles qui sont dessus, qui ont aparemment été faites dans le siecle des Troubadours, ou à peu prés. Les Romances modernes tâchent d'imiter la simplicité des Romances antiques : c'est avec délicatesse à la verité : mais on tâche du moins d'y conserver cette tendresse si naturelle & si naïve qui plaisoit à Moliere, & dont vous pourrez prendre l'idée dans une Chanson qu'il a mis dans la bouche du Mifantrope.

> Si le Roy m'avoit donné
> Paris fa grand'ville,
> Et qu'il me falût quiter
> L'amour de ma mie,
> Je dirois au Roy Henry,
> Reprenez vôtre Paris,
> J'aime mieux ma Mie, oh, gay,
> J'aime mieux ma Mie.

Il femble que ces vieilles paroles étoient fort à fon goût.

> * J'eftime plus cela que la pompe fleurie,
> De tous ces faux brillans où chacun fe récrie.

En effet on a vû tant de Chanfons fades pour être doucereufes, qu'il me paroît qu'on fait mieux de retourner au ftile des

* Mifant Acte I. Scene II.

Troubadours, que de s'en tenir
à de telles infipiditez. Ce qui
feroit à fouhaiter, eft qu'en
nous ramenant le goût de l'antiquité Gauloife, on nous rame-
nât auffi cette belle fimplicité
de mœurs, qu'on prétend avoir
été fi commune dans ces temps
heureux.

Les Relations qu'on nous en
fait portent toûjours, que le vice étoit enfin puny & la vertu
triomphante. Vous en verrez des
exemples dans les quatre nouvelles que je vous envoye. Il
n'y a point de merveilleux par
les enchantemens dans Marmoifan, ni dans Artaut : tout s'y paf-
fe dans l'ordre naturel : mais
pour les deux autres, les Fées
y joüent leur jeu, & outre cela ces deux Hiftoriettes roulent
fur des Proverbes.

Ne foyez pas furprife fi j'ay

mis la Scene de Finette dans un
temps fi peu reculé qu'est celuy
des Croifades. Vous jugez bien
que je n'ay pas ignoré que les
premieres n'ont commencé que
vers la fin de l'onziéme fiecle :
mais outre que j'ay pour moy
la tradition, qui met l'Histoire
de Finette dans ce temps des
Croifades, j'ay l'exemple fameux du Taffe, qui a intro-
duit des Enchanteurs dans fa Je-
rufalem délivrée, dont la Scene
eft de ce même temps ; & celuy du Pere le Moine, qui ad-
met auffi des Enchantemens
dans fon Poëme de Saint Loüis,
quoique ce grand Roy ait vécu
plus d'un fiecle aprés Godefroi
de Boüillon. D'ailleurs il n'eft
pas étonnant d'entendre parler
de Fées dans l'onziéme fiecle,
puis qu'il y a encore aujourd'huy
des gens affez peu fenfez pour

croire à ces fortes de visions.

Mais ce qui me paroît plus capable d'étonner, est de voir que ces Fables Gothiques, qui ne font faites que pour porter aux bonnes mœurs, font cependant remplies tres-fouvent d'aventures fcandaleufes. Par exemple, vous favez bien que dans le fond de la Fable de Finette, fes deux fœurs font tres-éloignées d'ètre feulement auffi vertueufes que je les fais. On ne parle point de mariage : ce font deux indignes perfonnes de qui on raconte les foibleffes odieufes avec d.s circonftances choquantes.

Je croi, pour vous dire encore là deffus ce que je penfe, que ces Contes fe font remplis d'impuretez en paffant dans la bouche du petit peuple ; de même qu'une eau pure fe charge
toûjours

toûjours d'ordures en paſſant par un canal ſale. Si les gens du peuple ſont ſimples, ils ſont groſſiers auſſi : ils ne ſavent pas ce que c'eſt que bienſeance. Paſſez legerement ſur une action licencieuſe & pleine de ſcandale, le recit qu'ils en feront enſuite ſera rempli de toutes ſes circonſtances. On racontoit des actions criminelles pour une bonne fin, qui étoit de montrer qu'elles étoient toûjours punies : mais le peuple, de qui nous les tenons, les raporte ſans aucun voile, & il les a même ſi bien liées au ſujet ainſi dévoilées, qu'il n'en coute pas peu à préſent pour raconter ces mêmes avantures & les enveloper. Elles ſont bien inventées, & ne frapent pas moins ainſi couvertes, que dites à découvert : la bien ſeance des mots n'ôte rien à la ſingularité

des chofes ; & fi le peuple, ou
des Troubadours s'étoient exprimez comme nous, leurs Contes n'en auroient que mieux
valu. Il faut néanmoins avoüer
que fi ces fiecles-là n'avoient
pas tant de délicateffe que le
nôtre, pour les expreffions, ils
en avoient bien plus générale-
ment pour les actions ; puis que
c'étoit les fiecles de la bonne
foy & de la générofité : on ne
fongeoit qu'à infpirer la vertu
fans façon, & perfonne n'étoit
bleffé des termes & des manieres dont on l'expofoit. En ce
temps-cy ce n'eft pas de même :
quand on parle de Morale, de
quelque maniere qu'on le faffe
on ne manque guere d'être cri-
tiqué feverement.

Mais tous ceux qui produifent
quelque chofe foit en public,
foit en particulier, doivent s'at-

tendre à ce deſtin, & ils ne
doivent pas s'en inquieter. On
écrit pour s'inſtruire & pour ſe
divertir ; on écrit auſſi pour inſtruire & pour divertir ſes amis.
Voila d'ordinaire le but qu'on
ſe propoſe ; quand on y eſt arrivé, on ne doit pas s'embaraſſer
du reſte. Qu'importe que des
gens ſans goût, ſoient peu con-
tens d'ouvrages qui n'ont pas été
faits pour eux. Ils n'ont pas le
talent d'en profiter, encore
moins celuy d'en faire de pareils :
il ne leur faut donc pas envier
le plaiſir de critiquer, bien, ou
mal ; c'eſt le ſeul endroit par
où ils prétendent ſe faire diſtin-
guer. Si je voulois me donner
la liberté de nommer, je vous
ferois une belle liſte de ces Cri-
tiques, & je vous ferois voir
en même temps que toute leur
fineſſe conſiſte à examiner un

ouvrage sur des principes d'E-
coliers ; & sur les idées qu'ils
croyent avoir puisées dans Horace, ou dans Juvenal. On les
entend dire d'un ton grave :
Ne voyez-vous pas qu'il n'y a
point là de nominatif ? quelle
construction ! Cela est obscur :
Horace n'auroit pas parlé comme cela ! Ceux qui veulent les
encenser, disent, Monsieur…,
ne compose pas : il n'est pas
Poëte : mais c'est un Connois-
seur ! c'est une critique si judi-
cieuse ! Cependant, consultez-
les, ils vous fatiguent de remarques misérables, & la plûpart
ne sait pas parler François.

Avec ces sentimens, vous jugez bien que je ne suis pas fort
alarmée des censures que pour-
ront faire de mes ouvrages,
ceux entre les mains de qui ils
tomberont, soit savans, ou igno-

rans, soit gens d'esprit, ou dé-
pourvus de sens commun: Je leur
en donne plein pouvoir.

Cependant si l'on n'avoit pas dans
vôtre Province l'esprit également
poli & délicat, je vous prierois
de vous bien garder d'y laisser
voir aucune de ces Nouvelles.
On n'y parle point Phébus, &
les Provinciaux vulgaires n'aiment que les ouvrages remplis
d'un pompeux galimatias, qu'ils
n'entendent point. Il faut être
tres-éclairé pour connoître les
differences des stiles & l'usage
qu'on en doit faire. La naïveté bien entenduë, n'est pas connuë de tout le monde. Je ne
croi pas que les Nouvelles de la
source des Troubadours, ni les
Romances, trouvent jamais leur
compte auprés de ceux qui n'ont
pû sortir du caractere ordinaire
que donnent certaines Provinces.

Les sciences embellies par la
politesse, ont excepté celle où
vous êtes de ces deffauts : on
pourra bien s'y accommoder de
la mode qui regne aujourd'hui :
Mais avertissez vos amis qu'ils
n'aillent pas juger de cette mode par les seuls ouvrages qu'elle m'a fait produire; ils luy feroient tort : ils en verront bien
d'un autre délicatesse. Je ne fais
que mettre les autres en train :
N'est-ce pas beaucoup faire, que
de marcher des premieres dans
des routes nouvelles ? Vous me
tiendrez compte du moins d'a-
voir été si vive a entrer en lice
pour faire des Historiettes au sujet des Proverbes; puisque cette
vivacité vous fait voir combien
je vous aime, & combien je suis,
Vôtre &c.

F I N.

AUTRES OUVRAGES EN VERS ET EN PROSE.

A MADAME DE M....

Comparaison de la Fièvre & de l'Amour.

UNE brûlante ardeur me court
de veine en veine,
  Je sens un inquiet chagrin,
  Je ne dors non plus qu'un
Lutin,
J'ai l'esprit à l'envers, tout me trouble
& me gêne:
  Mais si je brûle nuit & jour

Ce n'est pas des feux de l'amour,
La chaleur d'une fiévre ardente
Me cause seule ces tourmens ;
Ceux que donne l'Amour sont encore
bien plus grands
(Au moins à ce que l'on nous
chante)
Car grace au Ciel jusqu'aujourd'hui
Je ne connois ce Dieu que sur la foy
d'autruy.
Si je puis cependant dire ce qu'il m'en
semble
Sur le raport de ceux dont son cruel
poison
Trouble les sens & la raison :
L'amour dans ses effets à la fievre res-
semble.
La fiévre met les gens en feu,
Fait réver, rend visionaire :
Ainsi fait le Dieu de Cithere
Ses sujets ne rêvent pas peu.
Chaque amant croit que sa maîtresse
Brille de graces & d'appas,
Qu'il n'est point d'objet icy bas,
Pareil à celuy qui le blesse ;
Et toutes ces perfections
Ne sont que pures visions
D'une folle delicatesse.

La fiévre renverfe l'efprit,
Ofte la force & l'apetit ;
Empoifonne le cœur, fait cent méta-
morphofes :
L'amour (fût-ce le plus petit)
Avec excés caufe les mêmes chofes.
Eft-il rien de fi foux que deux jeunes
amans ?
Enfin on voit, plus on y penfe,
Que la fiévre & l'amour (tous deux maux
fort méchans)
Ont une grande reffemblance.
Toute la feule differance,
C'eft que la fiévre a des momens heu-
reux
Où l'efprit en repos fe fent dégagé
d'elle :
Mais ceux à qui l'amour a tourné la cer-
velle,
C'eft fans retour, plus de raifon pour
eux !
Ainfi donc, ma chere Amarante,
J'aime mieux fentir le courroux
De la fiévre qui me tourmente,
Fût-elle encor plus violente,
Que les feux importuns de l'amour
le plus doux.

POUR LE JOUR DE LA
naiſſance du Roy.

RAſſemblez aujourd'huy les plaiſirs
    & les jeux,
Qu'en ces celebres murs on allume des
    feux,
    Et que tout le peuple y deploye
Les vifs & doux tranſports d'une écla-
    tante joye.
    France, c'eſt dans cet heureux jour
    Que Loüis receut la lumiere :
Si-tôt qu'il commença ſon auguſte ca-
    riere,
Il fut de tous les cœurs & l'eſpoir & l'a-
    mour.
    Mais de quelque vaſte eſperance
Qu'il ait pû nous combler dans ſon aima-
    ble enfance,
    Il la ſurpaſſe bien encor :
    Toûjours à la vertu propice
    Par ſa bonté, par ſa juſtice ;
    Il ramene le ſiecle d'or.

Son regne eſt un tiſſu de ſurprenants mi-
racles.

    En vain les folles unions
    De cent jalouſes Nations
    Prétendoient luy ſervir d'obſtacles:
Il donne à l'univers les merveilleux ſpe-
    ctacles
    De mille auguſtes actions.
En vain l'uſurpateur ſi chery de la Ligue
Oppoſe à ce vainqueur & la force, &
    la brigue :
    Nôtre grand Roy ſeul contre tous
Accable ce Tiran ſous d'intrepides coups.
Nous verrons ſous leur poids ſuccomber
    un perfide :
    Il a déja ſenti d'aſſez juſtes revers.
Nôtre vaillant Heros, à l'exemple d'Al-
    cide,
De monſtres odieux veut purger l'Uni-
    vers.
La priſe de Namur, & les exploits
    divers,
    Faits entre Stinquerque & Tubiſe,
En ont preſque achevé la fameuſe en-
    trepriſe.

✺

Mais pendant que Loüis rempliſſant ſes
projets

Fait reſſentir par tout le pouvoir de ſes
    armes ;
Il empêche que Mars & ſes triſtes alar-
    mes
        Ne viennent troubler ſes ſujets.
        Nous le voyons montrer ſans ceſſe,
Aux peuples fortunéz qui vivent ſous ſes
    loix,
        Que leur bonheur ſeul l'intereſſe
Et qu'il eſt le plus grand & le meilleur
    des Rois.
Celebrons donc le jour où le Ciel à la
    terre,
        A fait préſent de ce Heros,
Auſſi ſage au milieu des horreurs de la
    guerre,
Qu'occupé noblement dans le ſein du
    repos.
Prions pour luy le Ciel d'une ardeur
    vive & pure :
Ah ! s'il veut nous donner un bonheur
    aſſuré,
Qu'il faſſe ſeulement, propice à la na-
    ture,
Que de Loüis le Grand le charmant re-
    gne dure.
        Encore plus qu'il n'a duré,
          Année 1692.

STANCES IRREGULIERES.

Pleurez Graces, Pleurez Amours
Avec la jeune Iris venez mêler vos
   larmes ;
Le fort vient de ravir son Tircis pour
   toûjours ,
Au barbare trepas il a rendu les armes.

      Helas ! que ces tendres amans
      Par les plus fenfibles tourmens
Eprouverent en tout la fortune cruelle !
      Mais malgré toutes fes rigueurs
      Une flâme tendre & fidelle
      Brûla toûjours leurs jeunes cœurs.

Tircis aimoit Iris d'une flame fincere,
Au bonheur de luy plaire il bornoit fes
   plaifirs ,
De luy marquer fes foins & fes tendres
   defirs
      Il faifoit fa plus douce affaire ;
Iris, qui répondit à cette ardeur fi belle,
L'aima, luy fit connoître, & malgré les
   jaloux

On vit une amour mutuelle
Donner à ces amans des momens affez
doux.

Mais combien eurent-t-il de peines
A cacher leurs secrets transports,
Combien se firent-ils d'efforts
Pour tromper les facheux & leurs cacher
leurs chaînes;
Bravant tant de tourmens, leurs feux
Sembloient croître dans les contraintes,
Et leurs cœurs s'unissoient par les plus
tendres nœux
Parmy les larmes & les plaintes.

Mais enfin le couroux fatal
De la fortune en tout leur barbare en-
nemie,
Vint accabler Tircis d'un mal
Qui par ses rudes coups fit trembler pour
sa vie.

Iris, à ce malheur nouveau
Cede à la cruauté du sort qui la tra-
verse,
Elle veut de ses jours éteindre le flambeau:
Mais malgré les pleurs qu'elle verse
Son malheureux amant descend dans le
Tombeau.

Ah! juste Ciel que devint-elle ?
Quel coup de foudre, helas ! au funeste
moment
Que du trepas de son amant
On luy dit la triste nouvelle ;
Restant sans aucun mouvement
Elle tomba pâle, mourante
Et l'on crut cette tendre amante
Prête à suivre Tircis dans l'affreux mo-
nument.

Des maux qu'elle sentoit, l'extrême vio-
lence
Luy ravit quelque temps l'usage de la
voix,
Et l'on eust dit plus d'une fois
Qu'elle avoit succombé sous leur fiere
puissance ;
La mort sembloit avoir terminé ses mal-
heurs
Lors qu'elle rompit le silence
En versant un torrent de pleurs.

Cette Belle est inconsolable ;
Elle veut qu'éternellement
Dure la douleur qui l'accable ;
Et le seul souvenir de son aimable
amant,

Est tout ce qui luy rend la clarté sup
portable.

Tircis a vu, dit-elle, éteindre ses beaux
  jours
Que cinq lustres à peine en achevoient
  le cours;
Mais l'amour le fera revivre en ma memoire:
Ce Dieu sçeut dans mon cœur si bien
  graver ses traits
      Que je feray toute ma gloire
      De ne les effacer jamais.

INSOMNIE.

INSOMNIE.

Stances irregulieres.

TOut dort dans la nature & cepen-
     dant je veille;
De ces favorables Pavots
Qui mettent les mortels dans les bras du
  repos
La nuit étale en vain la douceur sans pa-
  reille,
         Rien ne peut endormir mes maux.

Quoy ! lors qu'on est exempt de ces bizarres chaînes,
         Dont s'embarassent les amans,
         Devroit-on ressentir ce que je sens
         de peines,
         De soins, d'ennuis & de tourmens?

Ce n'est point cependant une amoureuse
  flâme,
         Qui de mon cœur trouble la paix:
         Jamais de ses dangereux traits
         L'amour n'a pû blesser mon ame.

Triftes langueurs, dépits jaloux,
  J'ay fçeu toûjours braver vôtre gêne
importune,
  Mais je croy vos maux encor doux
Auprés de durs revers de l'aveugle fortune
  Dont je ne puis braver les coups.

Telle que de l'amour foit l'injufte puif-
fance,
  Son feu n'eft pas toûjours vainqueur:
  Il ne fe rend maître d'un cœur
Que lors qu'il ne veut plus luy faire re-
fiftance:
Mais qui de la fortune évite la rigueur?
On ne peut oppofer qu'une trifte con-
ftance
  Contre fa barbare fureur.

  Que ne puis-je triompher d'elle !
Comme j'ai jufqu'icy triomphé de
l'amour,
  Ne pouray-je point quelque jour,
  Traiter fes coups de bagatelle ?
  Sommeil, agreable fommeil,
Viens donc enfin charmer mon foin me-
lancolique
  Et fais, helas ! qu'à mon reveil
  Je me trouve fur tout également
  Stoïque.

RONDEAU

A une jeune Demoiselle.

C'Est grand hazard que trouver un
    amant
D'esprit poly , de corps gent & char-
    mant
Qui n'aille point de Ruelle en Ruelle
Faire sermens de constance éternelle
Et protester par tout également.

Quoyque sachiez (mais bien certaine-
    ment)
Que jovenceaux mentent impunement ;
Prés tels muguets si vous restez cruelle ,
        C'est grand hazard.

Si voulez donc vivre tranquillement
Et que pensiez à l'établissement ,
Fuyez , Iris , Blodins & leur sequelle ;
Avec ces foux , c'est en vain qu'on est
    belle :
Si jamais un parle du Sacrement ,
        C'est grand hazard.

RONDEAU

A la même.

C'Est grand hazard, si l'on voit deux
　　esprits
Avoir chez eux mêmes desirs nouris.
Vous n'aimez rien qu'Amours & badi-
　　nage,
Mais moy qui hais leur importun ba-
　　gage
Mon cabinet me tient lieu de Reduits.

Là du savoir j'examine le prix,
Et puis m'occupe à frivoles écrits :
Car si par fois je fais passable ouvrage
　　　　C'est grand hazard.

Aussi mon cœur de renom n'est épris,
Et d'Apollon je n'ay l'art entrepris
Que pour bannir l'oisiveté peu sage :
Quand trop on est de loisir au bel âge
Sans coqueter avec maints favoris,
　　　C'est grand hazard.

AUTRE RONDEAU

Impromptu.

A MADAME DE ...

JE n'en croy rien, charmante Sera-
    phine,
Tircis en vain vient me nommer divine,
Tons languiſſans, enjouez, ſerieux
Toûjours par moy ſont pris pour fabu-
    leux,
Contre tels dits la raiſon ſe mutine.

En vain par Vers qui ſouvent me chagrine,
Par grands ſoupirs, & languiſſante mine
Me veut prouver la force de ſes feux,
      Je n'en croy rien.

Avoûray bien ſans en faire la fine,
Que ce Tircis en ſcience rafine,
Qu'il chante juſte, & qu'il écrit des
    mieux :
Mais que jamais je reponde à ſes vœux,
Malgré ſes Vers, ſa voix & ſa doctrine,
      Je n'en croy rien.

A MADAME LA DUCHESSE D.

RONDEAU.

LE ſerieux à tous ne ſçait pas plâire,
Belle Ducheſſe, il n'accommode
  guere
Diſeurs de rien, cherchant inceſſamene
Fades bon mots, que ſans diſcernement
On aplaudit dans un Reduit vulgaire.

Le ton badin tout autre ton fait taire,
Gens de bon ſens ont beau dire, & beau
  faire,
On voit par tout proſcrire durement
      Le ſerieux.

On changeroit cette étrange maniere,
Si maints eſprits avoient vôtre lumiere:
Si comme vous on ornoit finement
Diſcours moraux du plus vif agrément:
Sur le plaiſant auroit victoire entiere
      Le ſerieux.

MADRIGAL FAIT AU NOM
d'Iris.

VOus craignez qu'à vôtre retour
  Mon cœur ne soit encor rebelle à
vôtre amour.
    Hé bien, Tircis, je vais vous dire
    Le vray moyen de le seduire.
Passez par vos exploits ceux des plus
    grands Guerriers,
Vous serez couronné d'une double vi-
    ctoire ;
Mon cœur ne se rendra qu'à force de
    Lauriers,
Il ne veut s'attendrir qu'en faveur de la
    gloire.
Mais que fais-je ! à quel prix promets-je
    mon ardeur !
L'intrepide valeur par tout vous accom-
    pagne,
Le destin de Loüis fait que chaque cam-
    pagne,
    On vous revoit toûjours vainqueur,
Déja vous triomphez de l'orgueil de l'Es-
    pagne.
    Ah que je tremble pour mon cœur !

SUR LA PRISE DE ROSE.

MADRIGAL.

SOutenant une juste cause
Nôtre grand Roy toûjours vainqueur;
Par ses braves Guerriers pleins de zele &
d'ardeur
　　Aux Alliez a pris leur R O S E ;
La Ligue tonne en vain, Guillaume en
vain rafine,
　　Il ne leur reste que l'épine.

SUR LA BATAILLE DE NERVINDE.

MADRIGAL.

QUe de Palmes, que de Lauriers
Couvrent Loüis & ses Guerriers !
Mais malgré l'éclatante gloire
Qui suit leur nouvelle victoire
Nassau n'en est point abbatu :
Sa defaite n'a rien qui luy paroisse rude
Tant il a bien pris l'habitude
De se voir sans cesse battu.

Madrigal.

MADRIGAL.

Humble aux pieds des Autels & fier
    dans les Batailles
     On voit l'intrepide Noailles
     Imiter fon augufte Roy.
A l'orgueilleufe Efpagne il va donner la
    loy :
Mille étendarts conquis, Palamos &
    Gironne,
De Lauriers immortels luy font une
    couronne ;
Son bras portant par tout la terreur &
    l'effroy
Va foumettre à Loüis les murs de Barce-
    lonne ;
Et les braves Guerriers qui fur le fein des
    eaux,
     Guidez par Neptune & Bellonne,
Firent cent & cent fois triompher nos
    vaiffeaux,
Vont briller à leur tour d'une nouvelle
    gloire :
Que de Palmes encor pour nôtre grand
    Heros !
Il combat pour le Ciel : mais auffi la
    victoire
Le couronne toûjours fur la terre & les
    flots,

F f

POUR MONSEIGNEUR L'EVESQUE DE BAYEUX.

MADRIGAL.

DE l'illustre Nesmond le fortuné
    Troupeau,
De la fureur des Loups n'est jamais le
   partage.
    Guidé par un Pasteur si sage :
    Que son sort est doux qu'il est beau !
Ce Pasteur des vertus est un brillant flam-
   beau ;
Modeste, liberal, assidu dans les Temples.
Il donne à ses Brebis les plus touchans
   exemples,
    De candeur & de pieté.
Et par mille actions d'éternelle memoire
Où regne la sagesse ainsi que la bonté :
    On le voit aquerir la gloire
    D'une double immortalité.

✻❀✻❀✻❀✻❀✻❀✻❀✻❀✻❀✻

A SON ALTESSE ROYALE.
MADEMOISELLE.

LA grandeur de vôtre air , les char-
mes de vos traits
Reünissent en vous d'adorables attraits,
Princesse, vous brillez d'une grace divine:
 Vôtre cœur noble & genereux
 Montre par ses penchans heureux
Tous les grands sentimens qui font une
heroïne ;
 Et vous n'avez jamais rien dit
 Qui ne soit tout rempli d'esprit,
De solide raison, d'agrément, de justesse :
Le Ciel en vous donnant l'art de charmes
divers
 Vous rend digne, auguste Princesse,
 De l'empire de l'univers :
Mais malgré l'ascendant d'un merite su-
prême,
 Et malgré le touchant plaisir
Qui vous soumet nos cœurs quand il les
vient saisir,
Vous causez en secret un embaras ex-
trême :
On ne peut decider qui sçait charmer le
mieux,
De vôtre cœur, vôtre esprit, ou vos yeux.

$$$$$:$$$$$$$$$$$$$$$$$$$$$$$$$$$$$$$$$$$:$$$$$$

A MADAME

LA COMTESSE D. M.

Vous nous débitez tous les jours,
    Avec mille agrémens * Romance
sur Romance
    Vous nous dites en abondance
Certains Contes naïfs pleins des plus jolis
    tours :
Praxille, je le voy, vous ramenez en
    France
    Le temps heureux des Troubadours
    Qui firent briller la Provence.
    Le goût qu'ils eurent recomence :
La Fée & l'Enchanteur ont place en nos
    difcours,
On y fçait à la fin moralifer toûjours
    Et quelquefois même d'avance.
    Cette antique mode s'élance
    En tous lieux par vôtre fecours,
    Et fe reçoit fans violence.
Mais avec tous vos Dons aurez-vous la
    puiffance
De ramener le goût des antiques amour?
    Non vous n'en ferez rien je penfe
    On eft trop gâté d'inconftance.

* Chanfon d'un certain genre.

LETTRE

A MADEMOISELLE DE B. C.

VOus allez voir, Mademoiselle, par
l'Eglogue que je vous envoye que
j'ay de l'exactitude à vous satisfaire, &
que je m'aquite de la promesse que je
vous fis il y a quelque temps de faire
des Vers sur la tendresse à la premiere
occasion qui s'en offriroit. Je croy qu'ils
vous feront quiter le sentiment où vous
êtes qu'on ne reüssit jamais si bien en
Poësie, que dans les sujets que nous fournit cette passion : car malgré le peu de
justesse qu'il y a dans les petites bagatelles que vous avez vûes de moy sur
la gloire & sur la morale, vous trouverez assurément que celle-cy leur cede
encore de beaucoup ; peut-être ne se-
rez-vous pas fâchée d'aprendre pour
quelle occasion elle a été faite ; en voicy
l'Histoire.

Comme j'étois il y a quelque jour chez
nôtre spirituelle amie du quartier à fra-

F f iij

cas, Mademoiselle D. R. y vint; toute
la compagnie qui étoit fort grande
vit avec plaisir l'arrivée de cette aimable fille, qu'on sçait être ordinairement
d'une conversation des plus charmantes.
Mais qu'elle étoit ce jour-là différente
d'elle même! point d'enjoûment, point
de liberté d'esprit, elle parut inquiete
& ne fit autre chose que rêver: on luy
en fit un peu la guerre, & s'apercevant
qu'elle faisoit une mauvaise figure, elle
fut ravie de pouvoir sortir sous prétexte
d'aller chercher les deux cousines qu'on
luy dit qui se promenoient dans le jardin. On nous aprit aprés qu'elle fut sor-
tie que l'accablement où on la voyoit
étoit causé par l'infidélité d'un amant,
& je vous diray (tant je suis sincere)
que j'entray ce moment dans une maniere de colere contre vous en faisant
reflexion sur la malice que vous avez de
faire tous vos efforts pour m'embarasser
dans un de ces sortes d'engagemens qui
mettent les gens en état de n'avoir plus
de raison. Si ce n'est comme vous le
dites trop obligemment pour moy, que
vous êtes persuadée que l'Amour me
rendroit une Muse parfaite & que vous

vous feriez un plaisir de me voir pousser de beaux sentimens dans une Eglogue ou une Elegie ; je vous rends grace de l'opinion avantageuse que vous voulez bien avoir de mon esprit ; mais il ne faut pas s'il vous plaît que mon cœur en souffre. Je croy qu'on peut faire voir les sentimens les plus tendres & les plus touchans sans les ressentir : mais si je me trompe & s'il faut en être atteint pour les exprimer vivement & avec grace, j'aime mieux ne prétendre jamais à la gloire de bien écrire que de rénoncer à la qualité d'indifferente. Mademoiselle D. R. me donne un exemple qui me fait peur ; je la suivis dans le jardin où je l'avois vûe aller menant avec moy une Demoiselle qui sçait tous les secrets de son cœur : loin qu'elle eust joint celles qu'elle disoit y aller chercher nous la vîmes dés en entrant assise au pied d'un arbre qui rêvoit profondement & qui quelquefois se parloit à elle même ; nous ne voulûmes point interompre une solitude qu'elle avoit cherchée avec tant d'empressement , & je dis à la Dame du Logis qui fut surprise de nous voir revenir si tôt du jardin que la

Belle dont il étoit question étoit allée se
plaindre *aux rochers & aux arbres d'a-*
lentour. Quelqu'un releva cette petite
raillerie , & aprés qu'on m'eut menacée
du pouvoir de l'Amour qui se vengeroit un jour de moy d'insulter ainsi les
malheurs de son empire : on me donna
pour punition de renfermer dans une
Eglogue l'Histoire & les sentimens de
cette Amante trahie dont son amie s'offroit de me faire part ; toute la compagnie jugea, comme vous l'avez dit
vous même plus d'une fois, qu'on pouvoit parler tendrement sans avoir le
cœur touché ; j'acceptay le party qu'on
me proposoit avec d'autant moins de
peine, qu'il me donnoit une occasion
de faire ce que vous avez souhaité de
moy ; car je sentois que la petite colere où vous m'aviez mise étoit déja pas-
sée, tant, ma chere, la tendre amitié
que j'ay pour vous est forte : mais ne
comptez pas je vous prie que je parle
jamais de l'autre tendresse que sur la
foy d'autruy, puisque vous souhaitez
que j'en parle ; je ne laisseray pas par
des choses feintes de vous marquer que
je suis veritablement, Mademoiselle,

Vôtre...

CELIMENE.

EGLOGUE.

Assise à l'ombre d'un chêne
Sur le bord d'un clair Ruisseau
La Bergere Celimene
Rêvoit au doux bruit de l'eau ;
Son troupeau dans la prairie
Sur l'herbe tendre & fleurie
Erre au gré de ses desirs,
Dans le temps que la Bergere
Qu'un noir chagrin desespere
S'abandonne à ses soûpirs.

En vain d'un tendre ramage
Les oyseaux de ce Bocâge
Veulent charmer sa douleur
Tout déplait à sa langueur :
Le trouble qui l'inquiette
Rend ses ennuys si pressens
Que même de sa Musette
Elle hait les doux accents.

Tircis, ce Berger volage
Est la cause de ses pleurs,
Pour de nouvelles ardeurs
Il a quité le Village.
La belle loin de bannir,
L'image de l'infidelle
Ne sçauroit s'entretenir
Que du feu qu'il eut pour elle.

Levant au Ciel ses beaux yeux
Qu'offusque un torrent de larmes,
Ce fut, dit-elle, en ces lieux
Que mon cœur rendit les armes,
Ce fut dans ces mêmes Bois
Que l'ingrat cent & cent fois
Jura qu'il m'aimeroit d'une éternelle
flâme ;
Mais les perfides serments
Dont il seduisoit mon ame
Ne sont que trop communs parmy tous
les Amans.

Oüy dans le siecle où nous sommes
Tous cherchent à nous tromper
Et l'amour empressé que nous montrent
les hommes
N'a rien qui nous dust fraper.
Lors que par mille tendresses

Ils ont engagé nos cœurs ,
Sans songer à leurs promesses
Ils en font autant ailleurs.

Helas ! que vôtre sort est doux auprés
  du nôtre ,
    Petits Moutons, innocents animaux,
L'objet qui vous cherit n'en aime jamais
  d'autre
    Et fuit tous les liens nouveaux.
Vous ne ressentez point l'accablement
  extrême
Que produit dans un cœur un cruel
  changement
    Et chez-vous c'est assez qu'on aime
    Pour aimer éternellement.

Dans ces paisibles Bois les oiseaux sans
  rien craindre
    Ainsi que vous se laissent enflâmer ;
    Charmez du seul plaisir d'aimer
Ils n'ont jamais connu ce que c'est que
  de feindre ;
C'est chez les hommes seuls qu'on ose
  avoir recours
    A de pernicieux détours.

Puisque l'amour sur eux a si peu de
  puissance

Que cherchant à nous éblouïr
Par tout ce qu'ils nous font ouïr :
Ils ne respectent point la timide inno-
cence.
Loin de les écouter fuions les desormais,
Cherchons dans ces vastes forests
Parmy le silence & les ombres
Le doux repos que mon cœur a perdu:
Du mensonge jamais jusque dans ces
lieux sombres
L'empire ne s'est étendu.
Par vôtre agreable murmure,
Ruisseaux, affoiblissez la peine que j'en-
dure,
Belles fleurs, Gazons, Arbres verts,
Et vous petits oiseaux par vos charmans
concerts,
Bannissez les inquietudes
Que me cause un ingrat qui rompt les
plus beaux nœux;
Charmez si bien mes sens, aimables so-
litudes,
Que je rende à mon cœur enfin un calme
heureux.

LE PRINTEMPS GLACE',

I D I L E.

LE printemps fuivi de Flore,
Des beaux jours & des zephirs,
Avoit déja fait éclore
Dans nos champs mille plaifirs ;
Déja par de doux ramages
Les oyfeaux dans les Bocages
Chantoient leurs tendres langueurs,
Et ceffant d'être captives
Les Nayades fur leurs rives
Voyoient naître mille fleurs.

Déja fur ces fleurs naiffantes
Les Bergers à leurs Amantes
Racontoient le long du jour
Combien la faifon des glaces
Avoit couté de difgraces
Et de maux à leur amour.
Enfin toute la Nature
Pleine d'un efpoir charmant
Du retour de la verdure
Marquoit fon raviffement.

Mais l'hiver impitoyable
Rend ce plaisir peu durable,
Pour bannir le Printemps il revient sur
ses pas,
Par ses barbares outrages
On revoit sur nos rivages
Les glacons & les frimats,
L'Aquilon fier & terible
Chasse le zephir paisible
Et ravit à nos champs leurs renaissans
appas.

Depuis que sa froide halaine
A triomphé des beaux jours,
Les plaisirs & les amours
Sont disparus de la plaine,
En retournant dans le hameau
Chaque Berger se desespere
De se voir araché d'auprés de sa Ber-
gere
Par un changement si nouveau.

Tandis que le Berger pleure
Des rigueurs de la saison,
Le Laboureur à toute heure
En tremble pour sa moisson;
Voyant les vents en furie
Exercer leur barbarie,
Dans ses fertiles Guerets,

Troublé , remply d'épouvante ,
Il n'ofe plus conter la recolte abondante
Qui l'avoit tant flaté par fes riches
aprêts.

Enfin par l'horrible guerre
Que le froid fait fur la terre
Tout languit dans l'Univers ;
Et les cofteaux déja verts
Quitant leur riante face
Pour ceder à fon horreur ,
On ne voit plus que la trace
Des Autans pleins de fureur.

Helas ce trifte ravage
Qui nous defole fi fort
Eft une funefte image
Des rigueurs de nôtre fort ,
Lors qu'aprés mille traverfes
Et mille peines diverfes ,
Nous croyons n'avoir plus à former
des fouhaits ,
Loin de voir couronner nôtre perfeve-
rance ,
Un trifte & dur rêvers trompant nô-
tre efperance
Rend nos chagrins plus vifs qu'ils ne fu-
rent jamais.

Tel, que l'Ambition flate
Courant aprés les honneurs,
Quelque fois à la fin en goûte les dou-
ceurs,
Dans un rang éminent où son pouvoir
éclate,
Possedant peu son bonheur,
La fortune qui le jouë
D'un fâcheux tour de sa rouë
Sçait renverser sa grandeur.

Un autre dans le commerce
Fait sa gloire de blanchir ;
Sur l'espoir de s'enrichir
Il n'est Mer qui ne traverse,
Malgré mille affreux travaux
Bravant les vents & les ondes
Il fait le tour des deux mondes
Sur de fragiles Vaisseaux.

Et lors que sa main avare
A fait un nombreux amas
De ce qui nait de plus rare
Dans les barbares climats,
Remply d'une douce attente
Qui le flate & qui l'enchante,
Il se remet sur la Mer,
Alors, un fougueux orage

A

A ſes riches Vaiſſeaux faiſant faire nau-
frage,
Il voit au fond des flots ſon eſpoir abîmer.

Un cœur exempt des ſuplices
De la morne avarice, & de l'ambi-
tion
Qui fait toutes ſes delices
D'une tendre paſſion,
N'a pas plus de repos en ſuivant la ten-
dreſſe
Que l'Avare craintif, ny que l'Ambi-
tieux;
A peine ſes ſoins & ſes vœux
Ont touché l'objet qui le bleſſe,
Que de cet état charmant
Il paſſe au malheur extrême
De voir l'ingrate qu'il aime
En trahiſſant ſes feux courir au change-
ment.

C'eſt ainſi qu'en mille manieres
L'aveugle & bizare Deſtin
Sçait tourner nos plaiſirs en des douleurs
ameres
Changeant tout en moins d'un matin;
Mais ſi nos cœurs étoient ſans vices

Gg

Si nous ne suivions point les foles paf-
fions,
Il ne feroit fur nous malgré tous fes
caprices
  Que de foibles impreffions.

Ces Arbres dépoüillez de leurs char-
mants feüillages
Ces Prez où l'herbe meurt, & ces Ruif-
feaux Glacez
Nous donnent des leçons en leurs muets
langages,
Ils ont vû fans fremir leurs apas effa-
cez,
  Quoyque le Printemps fe retire
Que l'hivers en couroux reprenant fon
empire
  Raviffe toute leurs beautez,
Ils ne fucombent point fous tant de
cruautez,
  Dans un état toûjours femblable
Ces Chênes refiftant aux Autans irritez,
Attendent des zephirs le retour favora-
ble.

  Si comme eux dans tous les revers
  Dont la fortune nous accable
Nous gardions nn efprit conftant, iné-
branlable,

Attendant en repos ſes changements divers ;

Nous verrions couler nôtre vie
Dans un état plus doux, & plus digne
d'envie
Que ſi l'on nous rendoit Maîtres de
l'Univers.

Mais en voulant que tout reponde
A nos tiranniques deſſeins,
Voulant que pour remplir nos deſirs les
plus vains :

La terre s'uniſſe avec l'onde,
Nous-nous ferons toûjours un deſtin
malheureux,
Si nous voulons gouter une tranquille
joye
Profitons des plaiſirs que le Ciel nous
envoye,
Mais ne courons jamais fortement a-
prés eux.

SUR L'IMMACULE'E
CONCEPTION DE LA VIERGE.

SONNET.

QUI A REMPORTE' LE PRIX
Au Palinot de Caën en l'année 1692.

Par les ordres cruels d'un Roy plein
    d'injuſtice
Tous les fils des Hebreux ſont livrez à
    la mort,
Pharaon irrité dans ſon jaloux tranſ-
    port
Veut qu'à des innocents l'eau ſerve de
    ſuplice.

Mais loin de ſeconder ſa barbare ma-
    lice
Sa fille ſe baignant voit par un heureux
    ſort
Un enfant ſur les eaux qui la charme ſi
    fort

Que son cœur attendri ne veut pas qu'il
    perisse.

D'une loy tiranique elle affranchit l'en-
    fant ,
Dont par un coup du Ciel le pouvoir
    triomphant
Doit tirer Israël d'un funeste esclavage.

Ainsi malgré le joug qui presse l'Uni-
    vers ,
L'auguste Vierge naist exempte de nos
    fers ,
Pour nous ouvrir au Ciel un glorieux
    passage.

POUR LE ROY.

ODE

TOy, qui d'une brillante gloire
Couronne les Heros parfaits ;
Toy, qui consacre tous leurs faits
Au Ciel, an Temple de memoire,
Divin Maître de l'Univers
Daigne m'inspirer de beaux airs :
Mon entreprise est juste & belle,
Je veux celebrer un grand Roy
Qui pour toy remply d'un saint zele
Regne en faisant regner ta loy.

Est-il un mortel sur la terre,
Ainsi digne de nos encens?
Quels traits seroient assez puissans
Pour le bien peindre dans la guerre?
Dés le moment qu'au champ de Mars
Flotent ses fameux étendarts
L'ennemy fremit d'épouvante ;
La gloire guide tous ses pas,
Par luy la victoire est constante
A suivre un Heros aux combats.

Si le Ciel pour Loüis propice
Previent, furpaffe fes fouhaits ;
C'eft qu'il regle tous fes projets
Par la plus exacte juftice.
A peine il fortoit du Berceau
Que rien ne luy parut fi beau
Que la vertu folide & pure :
Aujourd'huy de fes actions
L'éclat, la grandeur fans mefure
Surprend toutes les Nations.

Bleffez de fa gloire éclatante
Vingt Souverains fiers & jaloux
Par tout l'effort de leur couroux
La rendent encore plus brillante.
De leur forte Ligue vainqueur
Toûjours fon intrepide cœur
Soutient un grand Roy qu'on oprime
Bravant un monde d'ennemis,
Malgré, Naffau, malgré fon crime.
A fes loix tout fera foumis.

Ce Heros lors que fur la terre
Regnent encore les frimats
A Mons fait fentir les éclats
De fon redouble Tonnerre.
En vain pour luy faire fa Cour
Le Printemps hâte fon retour

Mons n'eſt déja plus à l'Eſpagne,
En hiver il fait plus d'exploits
Que pendant toute une campagne
N'en firent les plus vaillans Rois.

L'ennemy n'a rien qui l'arrête
Bravant ſon ſuperbe appareil :
Dans un autre cours de Soleil,
Le fier Namur eſt ſa conquête.
En vain le Printemps irrité
En combattant contre l'été
Veut par les eaux luy faire obſtacle,
Tout obſtacle croiſt ſa valeur,
Naſſau de loin voit le ſpectacle
Contraint d'admirer le Vainqueur.

Tandis qu'en forçant des murailles
Il ſe couronne de Lauriers ,
Ailleurs inſpirant ſes Guerriers
Son ſeul nom gagne des Batailles.
Par de braves chefs animez
Sur ſes grands exemples formez
Ses Soldats volent à la gloire
Ils font des exploits inoüis :
Le Ciel attachant la victoire
Aux heureux Drapeaux de Loüis.

Uniſſant leur fiere puiſſance
                    Aigles ,

Aigles , Lions , & Leopards
Environnent de toutes parts
Le vaillant Monarque de France.
Mais le Ciel dont il suit la voix,
Et dont il adore les loix ,
Rit de leur frivoles menaces;
Il renverse tous leurs projets
Et des plus honteuses disgraces
Leur fait ressentir les effets.

Tout cede au grand Roy qu'il éclaire;
Je voy sa foudroyante main
Qui chez le Belge & le Germain
Porte une terreur salutaire.
Il va pour remplir ses souhaits
A l'Europe donner la paix
Malgré la Ligue & son caprice :
Vous dont les doctes chalumeaux
Sçavent rendre aux Heros justice
Chantez des triomphes si beaux.

Avertissement du Libraire.

LA Lettre qui suit a été envoyée incognito à Mademoiselle L'H. accompagnée d'une Boëte qui renfermoit une couronne de Lauriers d'un travail fort ingenieux. Par un sentiment d'honnêteté & de reconnoissance le zele de quelques amis de Mademoiselle L'H... a tant publié cette spirituelle galanterie, que cet ouvrage est venu jusqu'à moy : & comme il est d'un tour qui a eu une aprobation generale, je croy qu'on me sçaura bon gré de le placer icy, avec la Réponse qui y a été faite.

A MADEMOISELLE L'Héritier

Vous, qu'on voit exceller dans le
 noble métier
 Des doctes Nymphes du Permeſſe,
 Jeune & charmante L'Héritier
Qui par vôtre vertu, vôtre delica-
 teſſe,
 Vôtre ſçavoir, & vôtre politeſſe,
 Plaiſez à tout le monde entier.
 Mon ſexe par moy vous rend grace,
Des honneurs éclatans que vous luy pro-
 curez,
Et ſi je ſçavois mieux la Langue du
 Parnaſſe;

EN BEAUX CARACTERES DOREZ,

J'écrirois au fronton du Temple de memoire
Juſqu'où vont nos tranſports vous voyant
 tant de gloire,

Mais pour reüſir à vous exprimer
 nos ſentimens dans cette Langue
il faudroit avoir du moins quelqu'une

des heureux talens dont le Ciel vous a
été si prodigue : qui en a jamais plus ras-
semblé que vous ! être née avec une
vivacité , une penetration , une
solidité d'esprit , & un courage admirable, & avoir orné ces dons de la
nature d'un sçavoir aussi-bien reglé que
profond : c'est de quoy former un merite complet. Peut-on mieux posseder
que vous , l'Histoire des merveilles que
fit l'Auteur de tous les Etres , en faveur
d'un Peuple qu'il avoit choisi ; & celle
des prodiges d'un autre caractere , que
fit ce Souverain de l'Univers , pour remettre les hommes en possession d'un
bonheur qu'ils avoient perdu. Mais
outre ces grandes veritez si necessaires
& si utiles , combien en sçavez-vous
d'agreables ? l'Histoire Grecque , la Romaine , la Françoise anciene & moderne , & enfin l'Histoire Universelle vous
est connuë à fond dans toute son étenduë : la Sphere , & la Geographie la plus
exacte ne sont qu'un jeu pour vous ; &
l'on peut dire que vos vives lumieres sur
la Fables & les Poëtes sont les moindres
de vos connoissances : puisque vous en
avez de si claires en Philosophie , que

nos plus grands hommes dans cette belle étude de la sagesse en sont surpris. Par tant de rares qualitez vous-vous faites bien voir digne fille & digne heritiere d'un Pere illustre, si celebre par ses beaux écrits en Poësie & en Histoire; & qui se distingua si fort, dans cette derniere, qu'il fut trouvé digne d'être nommé Historiographe du plus grand des Rois: dont il a écrit une partie des actions triomphantes avec autant d'exactitude que d'éloquence; & dont il continuoit le Recit glorieux quand le trepas le surprit. Fille d'un si sçavant homme il est naturel de vous voir briller dans les sçiences; & outre ce Pere illustre on a encore de qui tenir quand le sang unit de si prés au fameux M^c du Vair; moins celebre par les titres de Garde des Sceaux de France & d'Evêque de Lisieux, qu'il remplit cependant avec tant d'éclat, que par une probité, un sçavoir, & une éloquence qui ont fait l'admiration de tout le monde. Le neveu de cet homme sage; son successeur à l'Episcopat, Prelat si plein d'éloquence: & ce fameux Lieutenant Civil de Paris vôtre proche parent, aussi

H h iij

fçavant homme qu'intégre Magiftrat ; & enfin ce frere qu'une mort precipitée vous a ravy dans la fleurs de fa jeuneffe & qui étoit un prodige merveilleux dans toutes les fciences ; tous ces exemples, dis-je, marquent affez que le fçavoir eft hereditaire dans vôtre famille ; ainfi que la mort glorieufe qu'ont trouvée à Caffel & à Nervinde, aprés cent belles actions, deux vaillans hommes à qui le fang vous uniffoit de fi prés : marque que le courage & la bravoure ne font pas moins fon partage que la fçience. Mais quelque loin que l'ayent pouffée ces grands hommes je croy que vous les pafferez encore, & qu'ils recevront plus de luftre de vous que vous n'en recevez d'eux : quand vous ne feriez confiderable que par les beautez de vôtre ame & la bonté de vôtre cœur, vous vous attireriez toûjours la plus forte eftime de tout ce qui fe connoît en vray merite. Où peut-on trouver plus que chez-vous de la droiture, de la generofité, de la grandeur d'ame, de la fincerité & de la delicateffe pour fes amis accompagnée d'un zele & d'une fidelité à l'épreuve de tous les revers de la Fortune. Il est aussi beau de voir une modestie achevée jointe avec toutes ces grandes qualitez du cœur ; qu'il est rare de les voir unies avec celles de l'esprit dont j'ay tantôt parlé, & qui sont encore relevées par tous les beaux talens de la Poësie ensemble : a-t-elle quelques tons où vous n'excelliez ? Heroïque, Moral, enjoüé, tout vous est égal; & vous chantez Loüis avec autant de noblesse, que vous exprimez delicatement la tendresse de Celimene ou d'Iris, malgré l'opposition naturelle que vous avez pour ces sortes de sentimens: & vôtre Muse ne charme pas moins quand vous badinez agreablement des Minauderies, des Coquettes & des Blondins. Enfin vous avez en Poësie l'agrément & la diversité des talens que vous avez loüez dans Madame Deshoulieres avec tant d'esprit. L'ouvrage où vous avez fait triompher cette illustre femme avec tant d'éclat, a convaicu de ce que je dis. Rien n'est plus ingenieux, plus sçavant, plus spirituel, & plus galant tout à la fois: en un mot rien n'est plus digne de vous faire

triompher vous même & tout le fexe
avec vous. Je ne vous puis exprimer
fa reconnoiffance & le plaifir qu'il
fent de voir briller en un même fujet ces trois grands noms de Scudery,
Deshoullieres & L'H .... qui le comble de tant de gloire : l'illuftre Mademoifelle de Scudery aura toûjours celle
d'avoir marché la premiere dans cette
route éclatante & de s'être renduë
auffi celebre par le nombre & la fo-
lidité de fes vertus que par la fubli-
mité de fon fçavoir ; vous fuivez auffi
noblement fes traces que vous chantez doctement fes talens : ainfi mon
fexe charmé de la maniere dont vous
celebrez celles qui luy font honneur &
dont vous fçavez inceffamment lui faire
honneur vous même, vous regarde comme fa protectrice & vous offre une Couronne des Lauriers les plus verts du Parnaffe, en vous difant par ma bouche:

   Fille adoptive de Sapho ,
    Sœur jumelle de Deshoullieres
Pour chanter vos vertus , vos talens ,
   vos lumieres ,
De vôtre belle voix que ne puis-je ê-
tre écho.

REPONSE

A L'ILLUSTRE INCONNUE
Auteur de la Lettre

Qui commence par ce Vers,

Vous qu'on voit exceller dans le noble
métier....

STANCES IRREGULIERES.

CHagrine, honteufe & confufe
De meriter fi peu vos aimables en-
cens ;
　　Malgré la honte que je fens:
　Ils me raviffent, docte Mufe ;
　Mais en admirant vos talens
　Daignez fouffrir que je refufe
Vos éloges & vos prefens.

　Vous meritez trop la Couronne
　Que vôtre main fçavante donne ;
　Pour m'engager à l'accepter:

Vous feule devez la porter,
   Mais fçachez : illuftre Perfonne,
   Que par un fentiment malin
   Contre le fexe feminin ,
En lifant vos écrits fi remplis de juftefle,
   D'agrément , & de politefle
On veut que vous foyez Cavalier ou
   Blondin.
   C'eft nous faire un affront étrange,
Ah ! fi nôtre interêt vous touche vive-
   ment !
   Il faut le marquer ce moment.
Sans vôtre heureux fecours il n'eft rien
   qui nous vange.
   Pour triompher de nos jaloux,
   Mufe charmante , montrez-vous
Et venez recevoir une jufte loüange.

LETTRE

A MADAME DE M...

J'Etois déja bien perfuadée Madame, de vôtre extrême penetration, & de la jufteffe de vôtre difcernement; mais j'en fuis encore plus convaincuë depuis quelque jours; vous connoiffiez mieux que nous le caractere du dépit de Mademoifelle de G... il s'eft évanoüi pofitivement comme vous aviez deviné; quelque refoluë qu'elle paruft de ne point fe racommoder avec un amant qui luy avoit fait une infidelité fi éclatante, fa colere n'a pû long-temps tenir contre fes tendres foûmiffions. Je vous avouë, Madame, que pour moy, j'ay été la dupe des aparences; quelque apliquée que je fois à examiner les folies de l'amour pour me faire un feur prefervatif contre elles, je vois bien que je n'en connois pas encore toutes les foiblesses. Pour vous qui par un heureux don du

Ciel avez fçeu également les connoître & les éviter ; on ne fçauroit vous
en impofer, & vous avez démêlé les
mouvemens d'un cœur qui les ignoroit
luy même.

Vous fuftes témoin il y a huit jours
du peu de fuccés des prieres de l'A-
mant de la Demoifelle dont je vous
parle ; il me parut tant de hauteur &
de fierté dans les réponfes qu'elle luy
fit, que je la crus guerie de fa tendreffe ;
tout ce que je trouvay d'étrange, c'eft
qu'elle luy fit des réproches comme s'il
euft efté cent fois inconftant (ce qui
n'étoit pas veritable) & comme fi une
feule infidelité n'euft pas fuffi pour le
rendre coupable ; cette petite circon-
ftance qui me faifoit voir que Mademoifelle de G . . . quitoit fon équité naturelle
pour rendre les gens plus criminels ,
me fit craindre quelques momens qu'elle
ne fuft pas tout-à-fait tranquille , puis
qu'elle prenoit fi peu garde à ce qu'elle
difoit ; mais je perdis bien-tôt ce foup-
çon l'entendant parler de fon infidelle
avec tant d'indignation & de dégoût :
vous eûtes beau me dire que tous ces
emportemens marquoient qu'elle l'ai-

moit plus que jamais ; tant de dehors
trompeurs avoient si bien persuadé mon
jeune cœur entierement novice & sans
experience sur toutes les Minauderies
de l'Amour , que je croyois être seure
que nôtre aimable voisine ne seroit
plus sensible qu'à l'Amitié : car il me
paroissoit que la raison & le bon sens
devoient la porter à être pour jamais
ennemie de toute autre ardeur ; mais
de la raison & du bon sens chez des
gens que l'amour a une fois gâtez , ce
seroit une chose bien rare , direz-vous;
aussi voyons-nous que je me suis trom-
pée , & que Mademoiselle de G... ne
les a point consultez sur l'article de
son racommodement ; mais vous ne serez peut-être pas fâchée d'aprendre qu'il
a donné sujet chez Madame D. P... a
inventer un divertissement assez particulier.

Il y a quelques jours dont Mademoiselle de G... vint voir à son ordinaire la Dame que je viens de nommer ;
vous sçavez que la liaison qui est entre elles l'attire souvent dans sa maison ; le Cavalier inconstant (qui par
mille bonnes qualitez qu'il possede y

est fort bien venu aussi) y entra un moment après, soit par hazard, ou par dessein. Il n'y avoit alors par bonheur pour luy que nôtre agreable amie & son époux : je dis par bonheur pour luy, parce que ces deux personnes ayant vû le commencement, le progrez, & la rupture de leur engagement, la Demoiselle agissoit devant eux avec une entiere liberté, & je croy de bonne foy que si la compagnie eust été plus grande un reste de fierté auroit empêché son dépit de rendre les armes. Son Amant qui la vit si peu entourée profita de l'occasion ; il pleura, soûpira, se jetta à ses pieds, demanda pardon, jura une constance éternelle ; enfin il fit le Comedien le mieux du monde ; à peine cette aimable fille vouloit-elle d'abord l'écouter, & quand elle eut une fois consenti à l'entendre, ce ne fut que pour l'accabler de reproches, & je vous assure que suivant ce que porte la Relation les noms de volage, d'ingrat & de perfide ne luy furent pas épargnez. Monsieur ni Madame D. P.., ne prirent point le party du Cavalier quoy qu'ils estiment beaucoup son merite ; ils ne voulurent point s'empresfer à juftifier un inconftant : mais il n'eut pas befoin de fecours , il joüa fi bien fon perfonnage , que malgré tous les fermens que la Belle avoit faits de n'avoir jamais pour luy que de l'indif-ference ou du mépris , il fit ceder fon dépit , toute fa fierté l'abandonna , en-fin il fçeut rentrer entierement en gra-ce avec cette jeune perfonne & elle luy laiffa voir dans fon cœur une ten-dreffe plus forte que jamais.

A peine ce different étoit terminé que j'entray chez M^c D. P.... & je n'y fus pas fi tôt qu'il y vint beaucoup de monde ; la broüillerie des deux Amans ayant fait bruit on fut un peu furpris de voir qu'ils paroiffoient fi bien enfem-ble , perfonne cependant ne témoigna fon étonnement de crainte de les em-baraffer. Comme la compagnie fe trou-va compofée de gens affez choifis , la converfation devint brillante & fort en-joüée , aprés que cela eut duré quel-que temps ainfi , cette groffe foule fe diffipa peu à peu. Des Dames emmene-rent nôtre Amante à une partie de plaifir, & le Cavalier fortit bien-tôt aprés pour aller aparament rêver au bonheur de fon deftin.

Enfin il ne resta plus chez Madame
D. P... qu'une petite troupe d'amis de
confiance, du nombre desquels j'eus l'a-
vantage d'être : elle nous conta la
maniere dont Mademoiselle de G. s'é-
toit rengagée ; là dessus on examina
l'indifference, le dépit, & les retours
de tendresse ; on fit mille belles moralitez sur tous ces divers mouvemens, &
aprés qu'on fut las d'en faire, quelqu'un
dit, que ce qui ce venoit de se passer
entre les deux Amans seroit un beau
sujet pour exercer la Poësie. La Dame
chez qui on étoit & son époux apreu-
verent fort cette pensée, & elle leur en
fit naître une autre ; ils dirent qu'il
falloit faire une Lotterie d'une espece
& d'une maniere toute nouvelle, &
voicy comme ils proposerent ce qu'ils
s'imaginoient. Ils dirent que premierement il falloit convenir de trois Juges
dont la bonne foy & les lumieres ne
fussent point suspectes ; qu'il falloit pro-
poser des Bouts Rimez à remplir dont
on prescriroit le sujet, qui seroit des
reproches suivis d'un tendre racommodement; que ceux qui voudroient bien
se divertir de cet amusement n'auroient

qu'à

qu'à envoyer chez une Dame qu'on nommeroit, leur Sonnet cacheté, & la somme qu'on voudroit hazarder, qui seroit égale pour tous les prétendans ; que de toutes ces sommes on en feroit faire quelque joly Bijou pour celuy qui remporteroit le Prix ; on ajoûta qu'il faudroit envoyer ces Sonnets écrits d'un caractere inconnu, & n'y point mettre de nom, mais seulement une Devise pour les distinguer ; qu'on marqueroit le jour auquel cette Lotterie de nouvelle espece se devoit fermer, & qu'en suite les trois Juges dont on seroit convenu examineroient tous les ouvrages & donneroient le Prix au plus beau.

Ce projet fut aplaudy de tous ceux qui l'écoutoient ; on s'écria qu'il y auroit autant de gloire que de plaisir à remporter le gros Lot de cette Lotterie, puisqu'on ne le devroit qu'au seul merite de son ouvrage. On fit aussi-tôt des Bouts Rimez ; & au même moment un homme d'esprit qui est fort officieux, dressa un petit billet dont tous ceux qui étoient presents prirent des copies pour les faire courir chez leurs amis ; on y marquoit les Bouts

Rimez, le sujet, la somme qu'il falloit hazarder, les noms des Juges &
celuy de la Dame chez qui on envoye-
roit son Sonnet. On marqua le jour
où se devoit fermer la Lotterie fort
prés de celuy où l'on étoit, parce qu'on
se faisoit un plaisir de voir au plûtôt
le dénoûment de ce petit divertissement,
& qu'on jugeoit bien que ceux qui y
entreroient seroient plûtôt touchez
de la gloire que de l'interêt, & qu'ainsi
il n'étoit pas besoin d'attendre pour rendre le Prix plus gros par le nombre
des pretendans.

Tout cela fut conclu de cette maniere, & vous jugez peut-être bien,
vous Madame, qui avez tant de penetration, que si tôt que je fus seule à
seule avec Madame D. P... elle ne
manqua pas de me dire, que quelque
opposée que je fusse à toutes les choses qui dependent du hazard, il falloit
absolument que je misse à une Lotterie d'un genre si particulier, puis que
le hazard y auroit si peu de part ; je
luy répondis que si j'y mettois j'aurois
plus de besoin qu'elle ne pensoit que
le sort s'en mêlât, pour qu'il fût enfor-

te qu'il n'y euſt que de ſi mauvais ouvrages que le mien fûr trouvé le meilleur. Aprés que nous eûmes plaiſanté
quelque temps ainſi, je me réſolus enfin à y mettre par pure complaiſance
pour elle : car je ne doutois pas que
mon ouvrage n'échouât, étant perſuadée
que parmy les amis de ceux qui étoient
avertis de cette nouveauté, il y auroit de fort habiles gens ; mais quoy
qu'en effet il y en ait eu des plus é-
clairez qui ont daigné y prétendre, mon
bonheur a voulu que les Juges ayent
trouvé mon ouvrage le plus digne du
Prix : je vous l'envoye, Madame, vous
verrez bien que l'étoile s'en eſt mêlée,
je n'oſe cependant ne le pas croire bon,
depuis que des ſçavans d'un goût
ſi délicat luy ont donné la victoire.
Auſſi-tôt qu'elle a été remportée, Madame D. P... m'a chargée de vous
rendre compte des amuſemens qui
nous ont occupez depuis vôtre abſence, & de vous feliciter ſur la juſteſſe
du jugement que vous aviez fait du
cœur de Mademoiſelle De G... vous
pouvez croire, Madame, avec quel
plaiſir je me ſuis aquitée d'une pareille

commiſſion, puis qu'on ne peut plus hon-
norer vôtre merite que je fais, ni être
plus veritablement que moy,

Vôtre.

Au mois de Novembre
1691.

SONNET
EN BOUTS RIMEZ,
Qui a remporté le Prix fur un fujet prefcrit.

Reproches & Racommodement.

Ngrat, nos cœurs formoient un fi doux . *affemblage,*
En falloit-il jamais rompre les tendres . . . . *nœux ?*
Sans ceffe un fol amour t'arête ou te . . . . . . *degage,*
Un moment voit mourir & renaître tes . . . . . *feux.*

Ne croy pas inconftant, m'éblouïr . . . . . *davantage,*
Vainement à mes pieds tu formes mille . . . . *vœux,*
Un trop jufte dépit brifa mon . . . . *efclavage*
Et je n'écoute plus tes fermens . . . . *dangereux.*

Je fçauray méprifer ton ardeur . . . . *infidelle ;*
Mais que dis-je ? mon cœur contre moy fe . . *rebelle,*
Et fa revolte helas ! me force à me . . . . *trahir.*

Puifque tu me promets une éternelle . . . . . . *flâme*
Je cede, & je te rends ta place dans mon . . . . *ame*
Je le voudrois en vain, je ne puis te . . . . . . *haïr.*

DEVISE.

De la tendreffe en Vers, & jamais dans le
cœur.

LETTRE
A MADAME DE M....

CRoiriez-vous, Madame, que nôtre Lotterie a eu des suites & qu'elle a fait naître entre Madame D.P. & Monsieur le Marquis de Fa.... une grande dispute dont vous me dispenserez s'il vous plaît de vous dire le sujet, parce qu'il ne me siéroit pas de raconter une conversation où l'on m'a donné mille fois trop de gloire. Mais enfin cette dispute a produit un défi & une gageure entre la Dame & le sçavant Marquis : Mᵉ D. P. a gagé que je remplirois au gré du Cavalier sur le champ un Bout-rimé sur les rimes les plus bizares qu'il voudroit inventer & dont il prescriroit le sujet. L'amitié que j'ay pour Mᵉ D. P. luy donne tant de pouvoir sur mon esprit, qu'elle n'a pas eu de peine à m'engager d'entreprendre ce qu'elle souhaitoit de moy. Ainsi Monsieur de Fa.. . m'a donné des Bouts-rimez les plus difficile qu'il a pû chercher, & j'ose dire qu'il a été beaucoup plus de temps à assembler ces Rimes que je n'ay été à les

remplir. Il avoit preſcrit le ſujet *en fa-*
veur de l'Amour contre Bacchus, & j'ay
reüſſi ſi fort à ſon goût qu'il a avoüé
avoir perdu dés devant que les Juges
l'ayent decidé ainſi. J'ay donc eu le plaiſir de faire gagner mon amie, & de
m'attirer les éloges d'un Cavalier qui
n'aime guere à en donner. Je ne ſçay,
Madame, ſi vous ſerez de ſon ſentiment
& ſi vous ſerez auſſi contente de ce petit ouvrage qu'on l'eſt icy. Je vous l'envoye afin que vous en decidiez, & je
vous diray cependant que les Rimes en
ſont devenuës en peu de jours ſi à la
mode, que tout le monde travaille deſſus. Car en general on aime les Bouts-
rimez, la diverſité des images qu'ils pré-
ſentent à l'eſprit divertit : & il n'y a
qu'un certain nombre de gens, qui
croyent que cette ſorte de production
n'eſt pas digne d'exercer ceux qui ont
des talens heureux pour la belle Poëſie.
Quoy qu'on reüſſiſſe heureuſement dans
une Ode & une Eglogue, cela n'empêche pas de s'exercer ſur un Bout-rimé,
& d'y aquerir de la gloire quand on le
fait avec ſuccés. Il eſt plus difficile qu'on
ne penſe de faire de ces ſortes d'ouvrages avec juſteſſe, & c'eſt faute d'en ê-

tre aſſez perſuadées, que tant de perſonnes qui ne ſont pas nées pour la Poëſie s'aviſent de devenir Auteurs quand
certains Bouts-rimez ſont en regne. Les
mauvais Vers de ces Poëtes deſavouez
de Minerve ſont la cauſe de l'antipa-
thie que quelques ſçavans ont pris pour
les Bouts-rimez; mais ſi les méchans Sonnets les ont broüillez avec ces Meſſieurs
je croy que les bons les racomoderont,
& des hommes d'un eſprit diſtingué en
ont fait ſur nos Rimes qui meritent bien
avoir la gloire de ce racommodement.
Pour moi j'en ai fait par douzaines; mais
comme ils naiſſent de Défys ce ſont tous
des impromptu qui n'ont qu'un petit
feu ſans ſolidité. Ainſi quand je vous fais
l'Apologie des Bouts-rimez vous jugez
bien que c'eſt ſans aucun retour ſur
moi, puiſque les meilleurs des miens ſont
bien éloignez d'être aſſez beaux pour
faire le raccommodement dont j'ay parlé; & qu'ils ne ſont propres qu'à me divertir & à amuſer nôtre agreable ſocieté ainſi qu'ils ont fait; je ne vous envoye que le
premier, je vous montreray les autres à
vôtre retour quand j'auray le plaiſir de
vous dire de bouche avec quelle paſſion,
Madame, je ſuis... SONNET

SONNET

EN BOUTS RIMEZ,

IMPROMPTU

Sur un sujet prescrit.

DEs Dieux qu'on adora jadis au . . . . *Pantheon*
Bacchus fut à mon gré le moins digne de l' . . *être:*
La fureur qu'il inspire est un fatal . . . . *tison*
Plus à craindre cent fois que poudre ni . . . . . *salpêtre.*

Plus que les sectateurs de l'Empereur . . . . *Léon*
D'images, de tableaux, un Beuveur fait . . . *bisêtre;*
Ce fut bien justement qu'on vit . . . . *Anacreon*
En faveur de l'Amour envoyer Bacchus . . . . . *paître.*

Quoy qu'aux gens bien sensez tous deux soient. *inconnus,*
Tout bouru, tout badin qu'est le fils de . . . . . *Venus,*
Il sçait mieux occuper le cœur d'un galant . . . *homme.*

Tel, a brillé par luy dans le métier de . . . . . *Mars,*
Et souvent on luy dût les progrez des beaux . . . . *arts*
Qui firent l'ornement d'Athénes & de . . . . *Rome.*

K k

SONNET
EN BOUTS-RIMEZ,
A MADEMOISELLE L'H...

Si j'eusse été du temps du fameux . . . . . *Panthéon*,
Et que mon tendre cœur eût pour lors receu . *l'être*,
Pour le fils de Cithere allumant mon . . . . *tison*
J'aurois souvent brulé Genievre, encens . . . *salpêtre*.

Pour vous, en imitant le bon Pantha- , ... *léon*
Aux cœurs vrayment touchez vous prédisez . *bisêtre* :
Ah ! changez vous, Philis, lisez . . . . . . *Anacreon*,
Et vous n'envoirez plus, tous vos amoureux . . *paitre*.

Je plains ces malheureux qui me sont . . . . *inconnus*
Et crains pour vos rigueurs la fureur de . . . . . . *Venus*
Qui prendra contre vous le party du moindre . . *homme*.

Icy vôtre merite en détruit plus que . . . . *Mars*
Et si vous n'y songez nous perdrons les beaux . . . . *arts*
Et Paris cessera de l'emporter sur . . . . *Rome*.

Mademoiselle Ar.

SONNET

EN BOUTS-RIMEZ;

REPONSE

A MADEMOISELLE Ar...

SI j'élevois aux Dieux un nouveau . . . *Parthéon*,
Je voudrois que l'Amour n'eût pas l'honneur d'entrer:
Vous le ventez en vain, son dangereux . . . . . *tison*
Brûle plus vivement que poudre ni . . . . . *salpêtre*.

Pour l'avoir trop suivy, jadis certain . . . . *Leon*
Causa dans le Conclave un scandaleux . . . . *bisêtre:*
Je ne suis point du goût du tendre . . . . . *Anacreon*,
Et je prétends toûjours envoyer l'amour . . . *paître.*

Jusqu'icy ses tourmens me sont fort . . . *inconnus:*
Aussi n'empruntant rien des attraits de . . . . *Venus*
Je ne veux point blesser ni fat, ni galant . . . *homme.*

Pour vous, vous enflâmez Blondins, enfans de . *Mars,*
Et prônez l'art d'aimer la merveille des . . . . *arts.*
Mieux que l'Auteur Galant qu'on exila de . . . *Rome.*

L'H.

A MADAME L. D. D. E.

SONNET
EN BOUTS RIMEZ,

Impromptu.

SI l'on dreſſoit aux Dieux un nouveau . . . *Panthéon*,
Dans le rang qu'eut Minerve, on vous y verroit . être:
L'éloquence chez vous allumant ſon . . . . . . *tiſon*,
Tonne dans vos diſcours comme poudre & . . . *ſalpêtre.*

Ainſi qu'Athenaïs, (ſang du docte . . . . . . *Léon*)
Vos talens & vos yeux feront bien du . . . . . *biſêtre*,
Les ſçavantes Beautez qu'aimoit . . . . . *Anacréon*,
Les Gournays, les Scurmans, n'ont plus qu'à s'aller . *paître.*

Avec cent dons divers au beau ſexe . . . . . *inconnus*
Vous avez tous les traits & l'éclat de . . . . . *Venus*,
Ducheſſe, vous charmez Guerrier, Blondin, grand-*homme.*

Vous faites des captifs ſans être au champ de . . . *Mars*,
Et nous voyons chez-vous la ſcience & les . . . . *arts*
Dans un luſtre plus beau que dans l'antique . . . *Rome.*

A MADEMOISELLE F...
L'AINE'E.

SONNET
EN BOUTS RIMEZ,

Impromptu.

Telle, comme Déeſſe eut place au . . . Pan *bron*
Qui n'eut pas tant que vous l'aparence de l'. . *être:*
Vos beaux yeux, de l'amour allumant le . . . *tiſon,*
Brûlent plus vivement que ne fait le . . . . *ſalpêtre.*

Tel, vous eſt plus devot qu'à Saint Pancha . . . . *ſon.*
Si le temps & la mort n'avoient point fait . . *biſeſtre*
Vous auriez tous les vœux du tendre . . . *Anacreon,*
Et Petrarque pour vous envoyroit Laure . . . . *; aître.*

Vous avez pour charmer cent ſecrets . . . . *inconnus,*
Et vous emporteriez la Pomme ſur . . . . . *Venus,*
Si l'on prenoit pour Juge un Pâris galant . . . *homme.*

Vôtre grace Ph'lis pouroit déſarmer . . . . . *Mars ;*
La Muſique, la Dance, & mille autres beaux . . . *arts*
Vous font des ſoûpirans de Paris juſqu'à . . . . . *Rome.*

A MADEMOISELLE F...

LA CADETTE.

SONNET
EN BOUTS RIMEZ,

Impromptu.

SI les Dieux sont peris avec le . . . . . *Pantheon,*
Du moins l'amour chez-vous a conservé son . . être :
Vous portez dans vos yeux son flamboyant . . . *tison*
Qui brûle plus de gens que poudre ni . . . . *salpêtre.*

Vos apas sont si forts que le bon Saint . . . *Leon,*
N'eust qu'à peine évité leur dangereux . . . *bisêtre.*
Si vous eussiez été du temps d' . . . . . *Anacreon,*
Il auroit envoyé toutes les Saphos . . . . . *paître.*

Vous causez des tourmens qui vous sont . . *inconnus:*
Plus sage que Pallas, plus belle que . . . . *Venus,*
Vous enchantez Iris, le Badin, le grand . . . *homme.*

Vos yeux en inspirant aux élèves de . . . . *Mars,*
Que l'art q'enseigne Ovide est le plus beau des . . *arts,*
Font des leçons icy mieux qu'il n'en fit à . . . . *Rome.*

A MADAME DE P...
SONNET
EN BOUTS RIMEZ,

Impromptu.

Jupiter euſt quité ſa place au . . . . *Pantheon*
Pour être vôtre Amant ou pour tâcher do . . . *l'étre;*
L'amour qui dans vos yeux a placé ſon . . . . *tiſon,*
Y fait briller ſes feux comme poudre & . . . *ſalpêtre.*

Le plus fier Eſpagnol du païs de . . . . . . *Leon*
Verroit ſa liberté chez vous trouver . . . . *biſſetre;*
Vous feriez le ſujet des Vers d' . . . . . *Anacreon,*
Si la mort dés long-temps ne l'euſt envoyé . . . *paître.*

Vous enchaînez les cœurs par des nœux . . *inconnus,*
Et comme on voit en vous les attraits de . . *Venus,*
On vous voit mere auſſi d'un charmant petit . . *homme.*

Mais comme elle jamais vous n'écoutez de . . *Mars,*
Preferant la raiſon aux plus ſublimes . . . . . *arts,*
Vous paſſez les vertus de l'ancienne . . . . . *Rome.*

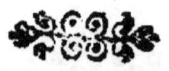

SUR LA PRISE DE

MONTMELIAN,

SONNET

EN BOUTS RIMEZ,

J Amais Loüis le Grand n'a fait un . . . . *qui pro quo,*
Ses jaloux dont l'orgueil prit feu comme . . *alumette*
Aujourd'huy confternez & couleur d' . . . . . . *aumelets*
Souvent de leurs frayeurs entretiennent l' - . . *echo.*

Le fier Montmelian plus fort que . . . . . . *Jerico,*
Privé long temps du Pain . du Bœuf, de l' . *andoüillette,*
Voyant ses hauts ramparts tomber comme . . . *paillette*
Souhaite (mais trop tard) le fort qu'eut . . . *Monaco.*

En vain le gros Germain au ventre de . . . *Citecüille,*
Et des marelts bourbeux la Batave . . . *Grencüille,*
Luy promirent fecours du Dimanche au . . . . *Lundy.*

Il voit fes deffenfeurs enfin plier . . . . . *bagage,*
Les François fonc vainqueurs par Mons & par . . *Borage*
Et le Nom de Loüis va du Nord au . . . . . . *Midy.*

AU ROY
SONNET
EN BOUTS RIMEZ,

A Tes fameux projets on voit un succés . . . . . . *hoc*
Tu renverfes, Loüis une Ligue enne . . . . *mie*
Namur tombe à fes yeux, elle en vouloit le . . . *troc.*
Mais Steinquerque a montré que par tout elle p . . . *lie.*

De tes fiers combatans on la voit fuir le . . . *choc:*
Ta rapide valeur eft pour elle une . . . . . . *Scie,*
Qui brifera fon corps quoyque plus dur qu'un . . . *Roc,*
Menage feulement les beaux jours de ta . . . . . *vie.*

Tu paffes tout Heros François, Romain, ou . . *Grec,*
L'Aigle contre ton bras n'a ni ferre ni . . . . *bec:*
Tu détruis un Tiran que fur le Trône on . . . . . *fiche.*

Grand Roy, tu fais trembler Guillaume dans fa . *peau:*
Au plus haut de fon Char la victoire te . . . . *niche,*
Et toûjours la fortune eft pour toy fans . . *bandeau.*

AU ROY
SONNET
EN BOUTS RIMEZ,

Grand roy, qu'on doit d'hôneurs à ton nom à ton Buste:
En depit des torrens, des frimats des . . glaçons,
Tu fais au champ de Mars d'immortelles . . moiſſons,
L'Aigle n'eſt devant toy ny vaillant, ni . . . . robuste.

Ta conduite à la fois ſage, prudente . . . auguste,
Du grand art de regner fait de nobles . . . . leçons,
Les plus fameux peinceaux, les plus doctes . . . chanſons
N'ont rien pour te loüer d'aſſez vif, d'aſſez . . juste.

Tu triomphes toûjours ſans faſte & ſans . . . . . orgueil:
Terrible par ton bras, charmant par ton . . . accueil,
Tes rapides explois ne trouvent point de . . . . Digue:

D'une Ligue en fureur tu briſe les . . . . . reſſorts:
Et pendant que le Ciel ſa faveur te . . . . . prodigue,
Naſſau confus, ſe livre aux plus jaloux . . . transports.

A MADAME LA PRINCESSE

DE CONTY,

SONNET

EN BOUTS RIMEZ,

D'Helene & de Venus vous ternissez le . . . *Buste.*
Quel cœur auprés de vous conserve ses . . *Glaçons ?*
Vos beaux yeux chaque jour font mille amples . *moissons*
Pour certain Dieu bien fort quoy qu'il soit peu . *robuste.*

Brillante de beautez dans une Cour . . . . . *auguste,*
Vous y donnez encor d'heroïques . . . . . *leçons.*
Des neuf sçavantes sœurs vous aimez les . . *chansons,*
Et sur leur art divin vous parlez toûjours . . . *juste.*

Vôtre port, de Pallas marque le noble . . . *orgueil :*
Mais un air engageant, un gracieux . . . . *accueil*
Moderent vôtre éclat & luy servent de . . . *digues*

Vous charmez les Heros par de tendres . . . *ressorts :*
Un Roy pour qui le Ciel de ses dons est . . . . *prodigue,*
Vous fit toûjours l'objet de ses plus doux . . *transports.*

ENVOY.

Princesse, un zele seducteur
Pour chanter vos attraits rend tout le monde Auteur :
Cependant quelle audace extrème !
Pour peindre tout l'éclat de vos charmes divers
Le sçavant Apollon luy même
Ne feroit pas d'assez beaux Vers.

A MADAME LÁ DUCHESSE D. E,

SONNET

EN BOUTS RIMEZ,

LA Grece auroit j'adis adoré vôtre . . . . . . Buste.
Des cœurs les plus transis vous fondez les . glaçons:
Vos beaux yeux pour l'amour faisant d'amples . moiss us
Desarment d'un regard l'homme le plus . . . . robuste.

Quoy qu'on trouve chez-vous teint brillant, taille auguste,
A Regis, à Sauveur vous feriez des . . . . . leçons:
L'ame se sent ravir par vos tendres . . . . chansons;
Vous pensez finement, vous parlez toûjours . . juste

Et loin que tant d'attraits vous donnent de l' . . orgueil,
Vôtre air plein de bonté, vôtre obligeant . . . . accueil
Font à vos grands talens une puissante . . . . . digue.

Aussi de tous les cœurs vous ouvrez les . . . . ressorts:
Le Ciel de ses presens fut pour vous si . . . prodigue,
Qu'on sent dés qu'on vous voit mille charmans . transports

A MADAME DE B...
SONNET
EN BOUTS RIMEZ,

AU deſſus d'un poltron ce qu'eſt le brave . . *Stoup*,
　　Ce qu'eſt un temps ſerain aprés un ſombre o-*rage*,
Un heureux celibat auprés d'un lourd me- . . . . *nage*
Un genereux Lyon auprés d'un crüel . . . . . *Loup*.

Ce qu'eſt un Prince actif qui travaille . . . *beaucoup*
Prés du phantôme vain qui regne aux bords du . *Tage*,
Ce qu'eſt Loüis le Grand toûjours vaillant & . . . . . . *ſage*
Au deſſus de Naſſau qui fuit au premier . . . . . *coup*.

Ce qu'une belle main eſt auprés d'une . . . . *Griffe* :
Au deſſus d'un Curé ce qu'eſt le Saint . . . . *Pontife*
Ce qu'eſt le Val de Grace auprés de la . . . . *Mercy*.

Vous l'étes au deſſus de toute autre . . . *femelle* :
Vous faites cent captifs d'un ſeul coup de . *prunelle*,
Et de tels, que l'amour eſt vôtre eſclave . . . *auſſi*.

Les Bouts-rimez suivans ont été donnez par son A. S. Monseigneur le Prince de Condé pour être remplis à la gloire de Monseigneur le Prince de Conty.

A MONSEIGNEUR
LE PRINCE DE CONTY,
SONNET
EN BOUTS-RIMEZ.

QUe vos coups ont grossi l'Empire de . . Pluton!
Pallas auprés de vous seroit une . . . . marmote :
Soit qu'il faille employer ou le sabre ou la . botte,
Le Soldat n'agit point sous vous en . . . . . hanéton.

Lors que de Comandant vous avez le . . . . Bâton,
L'Aigle devient petit plus que n'est la . . . . Linotte :
Vôtre nom fait trembler Nassau sous sa . . . calotte :
Vous êtes un vray Mars il n'est qu'un faux . . Triton.

Vainement sur les eaux ce Roy de . . . . Comedie
S'est voulu signaler par un lâche . . . incendie,
Je prévoy son destin sans lire l' . . . . almanac.

Loüis luy donnera sans cesse la . . . . migraine :
Des armes de Conty le rude . . . . Triquetrac
Le fera fuïr souvent en Pourpoint de . . futaine.

AU ROY.

SONNET

QUI A REMPORTE' LE
Prix par le Jugement d: l'Academie
des Lanternistes cette année 1695.

Dans la route brillante où la gloire te . . . guide ;
Vingt Souverains jaloux en vain de toutes . . parts
Elevent contre toy mille orgueilleux . . Remparts,
Toûjours en ta faveur la victoire . . . . . decide.

Qui pourroit s'opposer à ta valeur . . rapide !
Surpassant en un jour Constantins & . . Cezars :
Agissant & tranquille au milieu des . . . hazars,
Rien ne peut ébranler ton courage . . intrepide.

Que tu sçais bien remplir tes augustes . . . emplois !
Pere de tes Sujets, & Protecteur des . . Loix,
Les flots ont beau gronder, nous bravons les . Tempêtes.

Si tu suivois le cours de tes Exploits . . . . divers,
De l'Aurore au Couchant tu ferois des . . Conquêtes ;
Mais, Grand Roy, tu ne veux que calmer l'Univers.

PRIERE POUR LE ROY.

De ton aîle, Seigneur, daigne couvrir mon Roy,
Répands toûjours sur luy des rayons de ta gloire ;
Puisque ce Conquerant ne cherche la victoire,
Que pour faire regner & ton Nom & ta Loy.

Benefac, Domine, benis : & rectis corde. Ps. 124. v. 4.

Avis du Libraire.

Comme Mademoiselle l'H. étoit absente quand on voulut rendre public le Triomphe de Madame des-Houlieres, un ami, qui avoit eu l'honnêteté de se charger du soin de le faire imprimer, confia le manuscrit de cet ouvrage à un Auteur qui promit d'y faire travailler au plûtôt par son Libraire.

Elle peut dire que cet Auteur lui étoit inconnu & qu'elle ne le connoît pas encore : car quoiqu'elle le connoisse par ses ouvrages ; par sa réputation, & par quelques traits qu'on touchera ici, elle ne lui a jamais parlé, & elle se seroit bien gardée de lui donner aucune peine, si elle eût été à Paris.

Il a beaucoup d'esprit & de savoir ; mais son génie est de chercher sans cesse à plaisanter & à piquer. Avec ce caractere il ne pût s'empêcher de glisser dans un ouvrage dont il n'étoit que le dépositaire, quelques traits de satire contre des personnes qui ne luy plaisent pas : Il y retrancha, il y ajoûta ce qu'il voulut, & après l'avoir changé à sa fantaisie, de sa pure autorité, & sans en avoir même parlé à la personne qui lui avoit confié ce manuscrit, il le fit imprimer.

Il fit plus. Mademoiselle l'H. ne vouloit point qu'on la nommât : Il fit imprimer son nom tout

dis

du long. Elle croiroit aujourd'huy qu'il pourroit
se repentir d'avoir fait cette démarche : mais
cet Auteur ne s'embarasse pas de peu de chose.
Ce nom n'a pas empêché qu'il n'ait fait reim-
primer l'ouvrage dont il est question dans un
Recueil des siens. Qu'importe qu'il en soit l'Auteur, ou non ; cela ne fait rien. C'est une Piece
qui a quelque réputation, par là il conclut qu'il
en doit grossir ses volumes.

Mademoiselle L. qui n'avoit pas prévû qu'on
pût prendre des libertez aussi choquantes que
celles-là, fut étrangement surprise quand elle
reçeut les Exemplaires qu'on luy envoya dans
la Province où elle étoit, de voir son nom im-
primé & de trouver des choses dans son ouvrage qui ne venoient point d'elle, & qui pouvoient même offenser des personnes qu'elle ho-
nore. Cependant, comme elle s'attendoit qu'il
sortiroit de dessous la presse comme elle l'avoit
composé, elle avoit prié qu'on en fit des présens
à Paris dés qu'il seroit achevé d'imprimer. En
cet état, étant fort chagrine du tour desagréable qu'on luy avoit fait, elle fut réduite à ef-
facer dans les exemplaires qu'on luy avoit en-
voyez seulement, les choses qu'on luy avoit pre-
té ; & c'est ainsi qu'elle les présenta à ses a-
mis en Province.

Elle auroit bien souhaité de pouvoir les cor-
riger tous ; mais cela n'étant plus en sa puissance, elle crut être obligée de desavoüer ce
qu'elle ne pouvoit reconnoître, & de rendre
son désaveu aussi public que le temps le luy
pouvoit permettre. Elle écrivit sur ce point à
Mademoiselle de Scudery, à qui elle avoit a-

dreſſe ce petit ouvrage manuſcrit : Elle ſe plai-
gnit à elle des changemens qu'on s'étoit permis
d'y faire , & elle pût témoigner que Mademoiſelle L. ſe plaignoit avec raiſon. Elle écrivit la même choſe à Monſieur Perrault : Ses
plaintes ſe divulguèrent, & d'ailleurs ce manuſcrit ayant été lû en diverſes Compagnies
diſtinguées , pluſieurs perſonnes convinrent de la
juſtice de ſes plaintes & reconnurent les endroits qu'on avoit ajoûté.

Ne pouvant ſe laſſer de chercher à faire connoître la vérité , elle écrivit encore à Monſieur Charpentier , Doyen de l'Académie Fran-
çoiſe , qui avoit donné ſon Certificat pour l'im-
preſſion de cet ouvrage , pour déclarer à ce ſçavant homme que ce qu'il y avoit de traits Sa-
tiriques , excepté ceux qui regardent M.
D ** ne venoient point d'elle, & qu'ils y avoient
été mis ſans ſa participation. Elle ajoûtoit qu'elle
faiſoit la même déclaration touchant certaines
plaiſanteries, qui ne ſont point de ſon ſtile , ni
de ſon caractère.

Ces endroits ajoûtez, n'étoient pas en grand
nombre : on pourra s'en appercevoir en compa-
rant l'édition que voici avec celle que l'Auteur dont on ſe plaint a fait faire : Cependant ils ne laiſſent pas de déplaire beaucoup
à Mademoiſelle L. & ne naturellement ennemie de la Satire & des mauvaiſes plaiſanteries. C'eſt même ce qui l'avoit portée à relever celles du nouveau Juvenal.

Quoiqu'elle ait adreſſé ſes plaintes à trois
perſonnes des plus illuſtres de France pour leur
ſavoir & pour leur mérite , & que les Let-

tres qu'elle leur a écrit se soient répandues dans le monde, on a crû devoir mettre icy ce détail, pour ceux qui n'ont point sû ces particularitez, & l'on donne icy le Triomphe de Madame des-Houlieres tel que son Auteur l'envoya manuscrit à Mademoiselle de Scudery.

LE

PARNASSE

RECONNOISSANT,

OU LE

TRIOMPHE

DE MADAME

DES - HOULIERES.

A MADEMOISELLE

DE SCUDERI.

Illuftre Sapho, dont les Airs
Avec tant de douceur enchantent l'Univers,
Fameufe *Scuderi*, qui fçavez du Parnaffe
Et les routes & les détours,
Vif efprit que rien n'embaraffe,
Jardin où tant de fleurs renaiffent tous les jours,

Quoiqu'aux vastes lambris du Temple de Me-
    moire,
      En beaux caracteres dorez,
Un immortel Burin ait gravé vôtre gloire,
      Et que vos talens reverez,
      Dans tous les tems soient honorez
Du commerce frequent de la Troupe Immortelle.
Je vais du Sacré Mont vous dire une nouvelle
      Que peut-être vous ignorez.
Mais aurai-je la voix assez forte, assez belle
      Pour vous la chanter comme il faut ?
Non. Craignons les écueils d'un projet temeraire,
Parler comme les Dieux n'est pas petite affaire,
      Ne prenons point un ton si haut,
Et suivons des Mortels le langage ordinaire.

             ❧◆❧

    Oüi, sçavante Favorite des Dieux, admirable
Scuderi, je vais vous faire le récit que je viens
de vous promettre, & vous aprendre les honneurs qu'Apollon a bien voulu rendre à l'Illustre
Madame Des-Houlieres, après que de cette vie
elle a passé à l'Immortalité; mais je vais vous
faire ce récit en langage vulgaire, ainsi n'atten-
dez de moi dans ce petit Discours qu'une naïve
simplicité.

    Sçachez donc, immortelle Sapho, que, com-
me je révois ce matin à la perte que l'Empire des
Lettres à faite de la spirituelle & sçavante *Mada-*
me Des-Houlieres, & que je pensois que tous
ceux qui aiment les belles productions d'esprit,
devoient rendre des honneurs funebres à cette
Ombre illustre; j'ai vû la Muse Uranie, qui brillante d'un éclat qui m'ebloüissoit les yeux, &
dans cette parure qu'ont toutes ses autres Sœurs,

lorsqu'elles affistent à quelque Ceremonie extraordinaire, s'avança vers moi, & j'alois lui demander le sujet de cet ajustement, lorsqu'elle me prévint en parlant de la sorte.

Je suis trop attachée au parti des Femmes, & je vous tiens trop de compte de l'interêt que vous prenez à celles qui ont du merite, pour ne pas venir vous informer du destin *de Des-Hou-lieres*. Je vais vous faire part de ce qui s'est passé en sa faveur au Parnasse, de ce que nous y avons vû nous-mêmes, & de ce que Mercure nous en a conté.

Si-tôt que *Des-Houlieres*, ce génie délicat & profond, eût vû son ame immortelle séparée de l'écorce fragile qui la couvroit, Pluton n'eut point d'aplication plus forte que de songer à la placer dans l'endroit des Champs Elizées qu'il lui croyoit le plus convenable ; & pour la recevoir avec plus d'honneur, il prit Proserpine dans son Char attellé de ses Chevaux noirs, & ensemble ils allerent au devant de cette grande Ombre jusqu'au delà des Frontieres de leur Royaume.

Un grand peuple qui n'avoit point encore passé cette Onde fatale qu'on ne repasse jamais, les accompagna, & l'ombre illustre fut reçuë de cette foule de Morts avec mille marques d'admiration, & sur tout des Poëtes, qui s'efforcerent à l'envi de faire à sa loüange, les uns l'Impromptu d'une Epigramme, ceux-ci un Sonnet, & ces autres du moins un Couplet de Chanson.

Proserpine toute Reine qu'elle est des Enfers, ne crut point s'abaisser en décendant de son Char pour l'embrasser, & Pluton qui avoit fait la même chose, lui presenta la main dans l'intention de l'y faire monter, & de la placer entr'eux deux, afin qu'elle pût entrer comme en Triomphe dans les Champs Elisées.

Mais avant qu'elle y montât, ce Dieu crut necessaire de décider en quel endroit de ces Champs bienheureux on la placeroit ; il consulta Proserpine, & tous deux se trouverent fort embarassez.

L'ordre est établi dans cet Empire d'assortir ensemble toutes les Ombres d'un même caractere ; & *Des-Houlieres* avoit brillé dans le monde par tant de caracteres diferens, qu'on avoit peine à déterminer sous lequel on devoit la ranger.

Il crut qu'il feroit injustice aux *Belles* de ne pas placer avec elles une femme à qui la Beauté avoit acquis tant de reputation.

Celles dont les airs vifs, touchans & enjoïez, avoient sans le secours même de la beauté acquis quantité d'Amans, pouvoient prétendre que *Des-Houlieres*, celebre par la vivacité, la tendresse & l'enjoüement, devoit être rangée sous leur Cathegorie.

Il présuma qu'il n'y auroit pas jusqu'aux *Joüeuses*, qui n'eussent peine à la ceder, puisque pour se délasser de ses occupations plus serieuses, le Jeu avoit fait un des amusemens de sa vie.

Mais qu'à plus juste titre les *Satyriques agreables* se récrieroient qu'elle devoit être de leur Troupe, elle qui par les traits fins d'une Satyre toüjours vive, sans blesser jamais personne, avoit avec tant de délicatesse & d'esprit, censuré les défauts des hommes & les travers du siecle.

Il sentit bien que les *Savantes* diroient, que ses Ecrits pleins de science & de bon goût, marquoient aſſez que ce ſeroit faire une injuſtice que de la leur enlever.

Et qu'enfin les *ſpirituelles* remontreroient qu'elle avoit brillé de leurs plus vives lumieres, & qu'elle devoit à l'étenduë de ſon eſprit tant d'heureux & tant de divers talens, qu'elle avoit ſi bien employez.

Pluton marquoit à Proſerpine l'embaras où le mettoient ces reflexions qui l'empêchoient de décider ; & ſon irreſolution commençoit à impatienter Mercure, qui comme vous ſçavez, eſt chargé du ſoin de placer les Ombres dans le ſejour qui leur eſt deſtiné.

Vous ſçavez que c'eſt un Dieu, qui comme le Metal auquel il préſide, eſt dans une continuelle agitation, & qui ne ſe fixe pas aiſément. La confidence de Jupiter, & le Negoce des hommes lui donnent tant d'affaires dans le Ciel & ſur la Terre, qu'on ne peut voir ſans ſurpriſe qu'il ait tant de momens à perdre dans les Enfers, & qu'il ait voulu y accepter cette Charge de Grand-Maitre des Ceremonies.

Cependant la conſideration particuliere qu'il avoit pour l'Ombre d'une Femme, qu'il avoit regardée en naiſſant d'un aſpect tres-favorable, adoucit ſon impatience, & il ſe réſolut de ne la point quiter que Pluton ne ſe fût déterminé. Ce Dieu s'aperçût neanmoins qu'il avoit que'qu'inquietude, & pour ne la pas prolonger, il ordonna qu'on fit venir promptement Minos pour prendre conſeil de lui, & fixer par ſon avis les irreſolutions.

Minos les fit attendre plus que le reſpect qu'il doit à Pluton ne ſembloit le permettre. Ce Juge des lieux ſouterains, quoique bien plus prompt à juger

faire justice que ceux de la Terre, étoit em-
barassé à examiner un Procez étrange ; c'étoit
celui d'un Misantrope de nouvelle espece, qui
pendant sa vie avoit été l'Ennemi irreconcilia-
ble des femmes, & qui ne les avoit haïes & dé-
chirées qu'à cause qu'il ne pouvoit souffrir leur
enjoûment & leur douceur naturelle.

La nouveauté de ce crime chagrinoit d'autant plus Minos, qu'elle luy faisoit perdre un
temps considerable, parce qu'au lieu que la coûtume est établie aux Enfers d'assembler en une
troupe tous les coupables de mêmes crimes pour
ne donner qu'une Sentence contre tous, il étoit
obligé de le juger seul, ne se trouvant pas un
de ses semblables dans l'Empire de Pluton. Il est
vrai que s'il eût voulu attendre, on lui disoit
qu'il en restoit encore un dans le monde possedé de la même Misantropie, & qui pouroit
bien-tôt arriver.

Minos enfin le jugea, & le condamna à recevoir de Cerbere autant de morsures que sa
langue médisante avoit lancé de traits injurieux
contre les Femmes,& à prendre ensuite les livrées
des Furies pour être leur Laquais à perpetui-
té ; suplice trop leger pour un crime de cette
classe, quoiqu'il y eût beaucoup à souffrir dans
le service de ces terribles Sœurs, & que l'aspect
des Serpens de leurs coifures, fût seul capable
de faire fremir d'horreur celui qui porteroit les
lambeaux de leur queuë déchirée.

Si-tôt que Minos eût expedié ce Cynique, il
partit, & vint trouver Pluton ; mais il ne faisoit que d'arriver auprés de lui, & excusoit en-
co e son retardement sur la peine qu'il avoit
euë au Raport qu'il avoit fait de ce Procez de

M m

vant Eaque & Radamante , lors qu'Ovide parut.

Ovide, comme vous le sçavez, ne fut point mis comme les autres hommes dans les Enfers; il étoit trop Favori d'Apollon pendant sa vie pour en être separé apres sa mort ; & ce Dieu l'a toûjours gardé prés de lui pour être sur le Parnasse le Secretaire de ses Commandemens & faire pour luy les fonctions que Mercure fait pour Jupiter.

Ce fameux Romain qui fut toûjours l'Adorateur du beau Sexe, fit entendre à Pluton qu'il venoit de la part de ce Roy du Parnasse, pour demander l'illustre *Madame Des-Houlieres*, à laquelle il destinoit auprés des neuf Muses une place plus agreable & plus digne d'elle que celle qu'on pourroit luy preparer dans les Champs Elisées.

Proserpine qui dés le premier coup d'œil qu'elle avoit jetté sur cette Ombre illustre, avoit ressenti un de ces effets prompts que produit sur un bon cœur un mérite extraordinaire, fut fort chagrine du compliment ; mais la fille de Cérés n'avoit garde de se broüiller avec le Dieu , sans lequel la Terre n'auroit point d'Epices. De sorte qu'aprés l'avoir tendrement embrassée , & fait promettre de ne la point oublier, elle ne put s'empêcher de remettre entre les mains d'Ovide une Ombre, qui n'ayant point passé le Fleuve fatal , n'étoit pas encore sous la puissance de Pluton.

Ovide n'eut pas plûtôt reçû des mains de Proserpine le dépôt précieux de cette Ombre illustre, qu'il aperçût sur les bords du Fleuve infernal Mi-

nerve , qui à la priere d'Apollon étoit venuë
avec son Char , pour conduire au Parnasse cette Amie des Muses ; elle la fit placer à côté
d'elle. Et comme cette Déesse de la Sagesse &
de la Science avoit été pendant sa vie la con-
ductrice de toutes ses actions , elle voulut bien
luy servir encore de guide aprés sa mort , pour
la remettre entre les mains du Dieu qui l'a-
voit toûjours tendrement cherie.

Elle la conduisit donc sur le sommet du Parnasse , & la décendit au pié du Rocher , d'où
sort la celebre fontaine où les Poëtes prennent
de si differentes yvresses. Rien n'y parut nouveau à *Madame Des-Houlieres* ; elle avoit fait
tant de promenades dans ce beau séjour , &
dormi tant de fois à l'ombre des Lauriers qui
y conservent une éternelle verdure , que rien ne
luy étoit inconnu.

Mais jamais l'air qu'on y respire ne luy parut si doux , & l'on peut croire que la compa-
raison qu'elle en faisoit avec l'air ensouffré des
bords du Cocite qu'elle venoit de quitter , contri-
buoit beaucoup à redoubler les agrémens qu'elle
trouvoit sur le Parnasse. L'accueil qu'elle y re-
çut , & les empressemens qu'on eût à luy donner des marques glorieuses d'une veritable joye,
la toucherent encore davantage : mais elle fut au
comble de la sienne , lorsqu'étant presentée par
Ovide aux piez du Thrône d'Apollon , elle entendit ce Dieu luy parler en ces termes.

Il y a long-temps que mes neuf Sœurs se
sont expliquées aussi-bien que moy , de la confusion que nous sentons de ne pouvoir suffire à
chanter la gloire du Heros qui gouverne la premiere Monarchie du monde , & la plus aimée

des Dieux. Le nombre de ſes Exploits eſt ſi grand, qu'il nous eſt impoſſible malgré tous nos talens d'en celebrer la moitié, & ma penetration dans l'avenir me fait découvrir que bien loin de nous laiſſer reſpirer, ce Monarque va nous accabler encore par la foule de ſes grandes actions. Son auguſte Fils continûra d'y joindre les ſiennes. Que ſera-ce donc quand les trois jeunes Heros formez du ſang de ce Fils, marcheront ſur les grandes traces de leur Ayeul? leurs Exploits donneront aſſez de ſujet pour tenir nos Lyres toûjours tenduës, & nos voix auront peine à les ſuivre?

Je voi le premier de ces aimables Princes qui ſous les auſpices du Monarque ſon ayeul portera ſes Armes victorieuſes juſques dans l'Affrique & dans l'Aſie, & ſur les pas d'Alexandre étendra les Conquêtes juſqu'au-delà des Indes. A la valeur d'un Conquerant il ſçaura joindre un ſçavoir ſublime dont il donne déja cent marques éclatantes, & l'avenir ne prepare pas de moindres Triomphes à ſes freres. Comment ferions-nous donc pour ne pas ſuccomber ſous le poids, de tant de matieres illuſtres, ſi nous ne cherchions du ſecours?

Je déclare donc qu'avec l'aplaudiſſement de Minerve & les ſuffrages unanimes des neuf Sœurs, nous érigeons *Des-Houlieres dixiéme Muſe.*

Les divers talens qui ont brillé dans cette illuſtre Femme nous ont fait beaucoup d'honneur parmy les Mortels; mais puiſque c'eſt l'arreſt du deſtin qu'elle n'y ait pas demeuré plus long-tems, nous voulons faire voir avec éclat combien le PARNASSE EST RECONNOISSANT, en luy aſſurant, avec ce titre qu'elle s'eſt acquis par son merite, l'honneur éternel que nous voulons luy faire.

Nous esperons que dégagée des soins du corps, revêtuë de l'immortalité qui luy est duë, & éclairée de nouveau par la continuelle conversation des neuf Sœurs qui se feront un plaisir particulier de luy confier tous les secrets inconnus aux Mortes, elle nous soulagera beaucoup dans nos travaux.

Le Dieu de l'Eloquence dit encore cent autres choses obligeantes en faveur de cette sçavante Femme, & ordonna ensuite une fête pour celebrer la reception *de Des-Houlieres* au rang des Muses.

Tous les Arts s'empressèrent d'employer leurs talens les plus ingenieux pour contribuer de tout ce qui dépendoit d'eux à la celebrité de la Fête, & il n'y en eut point qui ne marquât une glorieuse émulation de plaire au Dieu des Vers en honnorant l'Héroïne qu'il venoit d'adopter.

La Poësie qui fit toûjours les délices de cette aimable Femme, fut chargée par Apollon de faire les honneurs de la Fête ; elle y parut dans les ajustemens les plus magnifiques, elle étoit suivie de toutes ses Nymphes de divers génies, qui chacune dans leur caractere ont des beautez charmantes. Elles étoient parées de leurs plus beaux ornemens, & rien n'avoit jamais paru sur le Parnasse ni de plus galant ni de plus magnifique.

L'Epique qui n'avoit pû encore troûver que rarement le moyen de se bien habiller à la Françoise, paroissoit avec sa longue Robe à la Grecque ; elle marchoit apuyée de sa main droite sur Homere, de la gauche sur Virgile, & se faisoit porter la queuë par le Tasse.

La Tragedie chauſſée de ſon Cothurne & vêtuë de ſon Manteau Royal, venoit enſuite pre-
cedée de Sophocle & d'Euripide comme un Re-
cteur de ſes Maſſiers ; mais Corneille comme
ſon plus cher ami luy ſervoit d'Ecuyer, vêtu
en Empereur Romain, & ſoûtenant dans toute ſa
grandeur le caractere de ces Maitres du monde.

La Comedie paroiſſoit à ſes côtez en habit bourgeois, folâtrant & cenſurant le ridicule des Hommes. Ariſtophane, Ménandre, Térence, &
Plaute luy faiſoient cortege ; mais Moliere qui les
avoit devancez, rioit d'un ris de Scaramouche
en démaſquant un Tartufe, & s'étoit vêtu en
Mamamouchi pour ſe rendre digne de donner la
main à une Déeſſe.

La Satire vêtuë de la peau d'un Porc-épi, &
jettant de tous côtez le ſel à pleines mains,
traînoit aprés elle Juvénal, Perſe & Martial.
Horace eut été à leur tête, s'il n'eût pas pris
parti parmi les Lyriques ; mais on voyoit cette
Nymphe qui refuſoit la main à Regnier & à
D..... à l'un parce qu'il avoit fait des deſcrip-
tions trop remplies de groſſieretez & d'images
choquantes, & à l'autre parce que ne mode-
rant point ſon ſel trop Cauſtique, il avoit au
grand ſcandale du beau Sexe reduit à trois le
nombre des Femmes d'honneur.

La Nymphe Lyrique qui mêle les Dieux, les
Heros, les Amours & le Vin, paroiſſoit enſuite
dans un habit pompeux & galant, tenant ſon
Luth à la main, dont elle accompagnoit les ac-
cords avec ſa voix. Anacreon la ſuivoit ; Pindare étoit au côté droit de la Déeſſe, ſuivi d'Horace : Et enfin aprés ces illuſtres Antiques, on

voyoit marcher Quinaut, qui aprés s'être fait
de Tragique ordinaire excellent Operateur, &
ayant poussé le Lyrique François aussi loin qu'il
peut aller, chantoit un Air de Lulli, qui avoit
servi de Canevas à de fort jolies paroles qu'il
venoit de faire.

Enfin pour ne pas vous ennuyer, tous les differens genies de la Poësie se trouverent là pour
rendre hommage à la sçavante *Des-Houlieres*, &
honorer son Apotheose : & comme dans le Triomphe des Romains on portoit les Peintures des
Places, des Rivieres & des Montagnes subju-
guées ; aussi tous ces genies portoient dans diferens Tableaux les noms des Ouvrages differens
de cette *dixiéme Muse*.

Le Genie Heroïque portoit sur un Gonfanon
de Satin bleu, relevé d'une excellente broderie
d'or, le titre de cette Ode sublime où elle celebra
l'hommage que le Souverain d'une superbe Re-
publique vint rendre au plus grand des Rois, &
ceux de ces admirables Epitres qui chanterent si
noblement les glorieuses Conquêtes de Mons & de
Namur.

Le Genie serieux mettoit en vûë l'Ode sçavante faite pour consoler la Roche-Foucaut d'un
mal rigoureux, l'Idylë qui regrettoit la mort du
genereux Montausier, & l'Elegie à Licidas.

Le Genie moral étaloit une foule d'Idiles dont
la force égaloit la beauté, & mettoit en balance s'y
il devoit dôner le premier rang à celle des Moutons.

Le Genie galant faisoit paroître sur un Eten-
dard tissu d'écorces de Tilleuls crus sur les rivages de la Charante, les Eglogües charmantes
où Celimene se plaint si tendrement de l'absence
de son Berger, & Iris de l'ingratitude du sien,

M m iiij

& un nombre infini de Chansons fines, délicates, touchantes, & toutes remplies de pensées nouvelles.

L'Enjoüé portoit en triomphe ces agréables Epîtres écrites sur les bords du Lignon ; d'autres pleines de fines plaisanteries sur l'égarement des jeunes étourdis du tems, & cent autres pieces brillantes, & d'un enjoûment aussi spirituel que galât.

Celui qui badine ingenieusement, & dont la Fontaine a emprunté le tour naïf de ses Fables admirables, & Marot ses simplicitez boufonnes : Ce Genie, dis-je, portoit les titres de ces Ballades remplies d'agréables naïvetez, & ces Rondeaux divertissans dont le sel n'étoit jamais hors de sa place.

Je laisse, continua Uranie, le détail de beaucoup de pompes extraordinaires qu'on fit pour honorer cette Fête. Je vais seulement vous décrire quelqu'uns des Arcs de Triomphe qu'on dressa sur le passage de la nouvelle Muse. On voyoit dans le premier d'excellentes Figures des plus celebres sçavantes de l'antiquité ; & dans des Bas-reliefs travaillés avec tous les soins de la Sculpture, étoient representées les actions qui avoient raport à la gloire de ces Femmes illustres.

La Figure de l'ancienne Sapho se faisoit remarquer d'abord. Cette docte personne s'est conservé un honneur immortel ; quoiqu'elle ait été autant surpassée par une nouvelle Sapho, qu'elle a surpassé elle-même les plus fameux Poëtes de l'antiquité.

On voyoit au dessous d'elle un Bas-relief qui representoit les honneurs que les Lesbiens rendoient dans une Fête publique à cette admirable Citoyenne. On voyoit des troupes de jeunes filles qui jettoient des fleurs sur sa route,

pendant que de jeunes garçons vêtus en Apollon
luy mettroient des Couronnes de Laurier ſur la
têce , & que d'autres de même parure la ſui-
voient en joüant de divers inſtrumens.

On voyoit d'un autre côté les Mityliens &
les peuples de Smirne, qui faiſoient mettre la
figure de cette Heroïne ſur leur monoye. Et
ſur la bordure du Bas-relief , on avoit ménagé
les Buſtes des grands Hommes qui ſe ſont ef-
forcez de rendre juſtice au merite de Sapho dans
leurs ſçavants écrits : On reconnoiſſoit Socrate ,
Ariſtote, Strabon , Denis d'Halicarnaſſe, Plutar-
que , Longin & l'Empereur Julien.

Erinne , à qui Lesbos avoit donné la naiſſance auſſi-bien qu'à Sapho , étoit à côté d'elle. Et dans le Bas-relief qui étoit à ſes pieds,
on voyoit les Graces en petit , enchaînées dans
un cercle fort étroit, pour deſigner qu'elle ſçavoit mettre toutes les Graces dans le petit eſ-
pace de ſes Madrigaux.

Enſuite on voyoit Corinne tenant à ſa main
un Medaillon qui repreſentoit Mirtis , dont elle
avoit apris les preceptes de l'Art Poëtique ; mais
comme l'Ecoliere avoit beaucoup ſurpaſſé ſa Maîtreſſe , on voyoit dans le Bas-relief une Troupe
de Juges , dont l'air étoit auſſi ſpirituel que ſage ,
qui adjugeoient à Corinne le prix qu'elle avoit
remporté ſur cent doctes rivaux, dont Pindare
étoit du nombre ; & loin qu'aucun dépit eût
alteré la phiſionomie de ce grand Poëte , on
voyoit ſur ſon viſage un air de ſurpriſe agreable & de ſatisfaction.

Aprés Corinne paroiſſoit Aspaſie, qui tenoit
une Lyre. Mais comme la Poëſie n'avoit pas
été le ſeul de ſes talens , on avoit repreſenté au

deſſous d'elle un grand nombre des plus illuſtres Atheniens, qui venoient prendre de cette habile femme des regles d'éloquence & des leçons de politique. Le fameux Pericles même étoit des plus empreſſez de ce nombre.

On remarquoit avec plaiſir la figure de Praxille, ſon air vif & enfantin la rendoit toute gracieuſe ; un groupe de Jeux & d'Amours étoit à ſes pieds, pour deſigner la tendreſſe & l'enjoûment de ſes écrits.

La derniere Statuë de cet Arc Triomphal étoit la figure de Teleſille. Elle avoit un air plein de ſageſſe & de majeſté, tenoit un Caſque dans ſa main droite, & avoit une grande quantité de Livres à ſes pieds. C'eſt ainſi que les Argiens la repreſenterent autre-fois, quand ils luy éleverent une Statuë dans la plus belle de leurs places publiques.

On voyoit en éloignement dans le Bas-relief qui étoit au deſſous d'elle, Teleſille qui touchoit une Lyre dans une Galerie entourée de Livres, pour marquer ſes talens en Poëſie. Puis ſur le devant du Bas-relief on voyoit cette illuſtre Sçavante à Cheval, qui ayant animé par ſon éloquence & par ſon exemple toutes les Dames d'Argos, deffendoit cette Ville avec elles contre les Lacedemoniens, qui eſperoient la ſurprendre pendant que tous les Argiens étoient en campagne.

On voyoit d'un autre côté la fuite entiere des Lacedemoniens, & enfin le Triomphe de Teleſille, auſſi illuſtre par ſon courage que par ſa ſcience.

Pour achever les ornemens de cet Arc de Triomphe, on y avoit placé les Medaillons de la mere des Gracques & de Zenobie, auſſi fa-

meuſes par leur éloquence & par leur amour
pour les ſciences , que par quantité d'autres
beaux endroits.

Ovide auroit bien ſouhaité qu'on y eût auſſi
placé ſa Corinne Romaine : mais malgré le credit qu'il a auprés d'Apollon, il n'en pût obtenir cette faveur. Car on n'a pas au Parnaſſe la
complaiſance injuſte que certains beaux eſprits
ont eu quelque-fois ſur la terre. Et comme on
ſçait fort bien dans nôtre Cour que la Corinne
de Rome ne doit la reputation de ſon ſçavoir
qu'aux ouvrages qu'Ovide & quelques autres de
ſes adorateurs ont compoſez ſous ſon nom, on
n'a garde de ſouffrir qu'une telle Uſurpatrice de
gloire ait place avec les illuſtres perſonnes qui
ſont de veritables ſçavantes.

Aprés cet Arc de Triomphe où l'on avoit fait écla-
ter le merite des Sçavantes de l'antiquité ; on en
trouvoit un autre où les Sçavantes modernes
étoient repreſentees. On y voyoit la judicieuſe 1.
Piſan, les deux fameuſes 2. Des-Roches, la docte
Scurman , 3. la Princeſſe Palatine, 4. celle de
Rohan, Artenice, Julie, la Suze, Ville-Dieu,
Cornaro & beaucoup d'autres.

Auſſi bien que les Sçavantes anciennes , ces
illuſtres modernes avoient à leurs pieds des Bas-
reliefs , où leurs principales actions étoient re-
preſentées. Et il n'y en avoit aucune qui ne marquât aſſez que ces Heroïnes ont donné des preuves éclatantes que leur Sexe eſt capable des ſcien-

1. Chriſtine de Piſan. 2. Catherine Des-Roches &
ſa mere. 3. Elizabeth Princeſſe Palatine 4. Madame
de Malnoüe.

ces les plus relevées , & des productions d'esprit
les plus excellentes.

Sur le piedestaux de toutes ces Figures de
femmes illustres anciennes & modernes , on avoit
mis des inscriptions qui faisoient d'agreables al-
lusions de leurs divers talens à ceux de Madame
Des-Houlieres ; & si je voulois entrer dans la
description de tous les autres Arcs de Triomphe qui furent dressez sur son passage , je pourrois remplir un volume de chifres & de devi-
ses les plus ingenieuses du monde , qu'on y avoit
peintes , & qui étoient tirées des Ruisseaux , des
Fleurs , des Oyseaux & des Moutons que la
Muse champêtre de cette Heroïne avoit rendus si celebres.

Cette Pompe faite à l'honneur de nôtre Sexe ,
remplit de joye tout le Parnasse , & mes sœurs
& moy interessées dans l'honneur de ce Sexe ,
nous en prîmes occasion d'animer toute l'As-
semblée contre ce Bilieux qui a eu la temerité
de répandre avec trop d'aigreur le fiel satirique de sa quinteuse rime contre les Femmes.

Eh ! Déesses , nous dit Apollon , qu'avez-
vous ? Ne vous inquietez point des injures ou-
trées dont vous accable ce nouveau Juvenal. Vôtre aimable Sexe , dont je prendrai toûjours les
interests , est déja vengé ; ne m'avez-vous pas
vû indigné du mauvais usage qu'il a fait des talens dont je l'avois partagé ? Ce que je lui avois
donné , je le reprens sans nul espoir de retour ,
& par une juste punition , j'ai voulu que lui ,
ce Grand-Maître de l'Art , & qui a fait de si
belles leçons pour les autres , les ait si mal sui-
vies? Oüi , je me suis fait un plaisir de le laisser
tomber dans des obscuritez embarrassantes , &

dans d'insuportables repetitions, & enfin donner dans des écueils que tant d'autres ont évité
par les propres instructions.

Quand le Satirique Latin publia la Satire li-
cencieuse qui déchiroit depuis l'Imperatrice jufqu'à la dernière Bourgeoise de Rome, les Dames
n'en furent pas moins honorées, & les noms
des vertueuses Romaines n'en ont pas moins passé
à la Posterité. Mais si dans le siecle des premiers
Empereurs, tant de femmes se sont renduës celebres par leur science & par la force de leur genie; le siecle moderne nous fournit parmi elles
tant d'exemples sublimes de vertu, que le beau
Sexe n'a pas lieu de regreter ou d'envier le passé,
& l'Heroïne qui vient de prendre place parmi
les Muses, n'est pas la seule qui mette son Sexe
du moins en égalité avec celui des Hommes.

Bien loin donc que les Portraits des Laïs que
cette Satire nous fait, soient les Portraits des Femmes, ils ne sont au contraire remplis que de faux
traits qui les rendent méconnoissables. Combien trouve-t-on d'Heroïnes qui ont des vertus
si pures, que l'imagination ne se peut rien fi-
gurer au delà? Et l'illustre & vertueuse Scuderi
me permettra que sans blesser la modestie, je
vous dise que j'en sçai une qui possede elle seule
plus de merite qu'il n'en faut pour rendre dix
Femmes fort illustres, puis qu'on voit briller en
elle tout à la fois la sagesse, la grandeur d'ame,
la generosité, la droiture, l'esprit, le sçavoir, &
enfin toutes les grandes qualitez qui ont été si
diversement partagées entre les personnes de son
Sexe. Mais elle les conteroit peu, si ces avantages n'étoient soûtenus & embellis par une modestie admirable qui se trouve blessée quand on
lui rend justice avec éclat.

Tant d'autres se rendent fameuses par une piecé solide, par une pudeur inviolable, par une sage économie, par une science bien reglée, & par une infinité d'autres avantages, qu'il est étonnant qu'on ait voulu par un affreux Libelle les scandalifer d'une maniere si cruelle, & pour les foiblesses de quelques-unes les assassiner toutes; c'est pour venger en quelque maniere ce Sexe, que je veux aujourd'hui lui rendre un honneur singulier en la personne de cette nouvelle Mufe que j'adopte; & les Dames se sont déja vengées à leurs Toilettes de l'insulte de ce Libelle, en le déchirant pour en faire des papillottes.

C'est ainsi, poursuivit Uranie, qu'Apollon parla, & nous y aplaudîmes toutes. Il fit ensuite monter *Madame Des-Houlieres* sur un Char magnifique & d'une forme extraordinaire. Et dans cette Machine tirée par le Pagaze, elle fut portée sur la croupe du Parnasse au milieu des cris de joye d'une foule innombrable d'Amours, de Jeux & de Génies qui l'accompagnoient pour honorer son Triomphe, qui n'auroit pas eu sa perfection, si Apollon n'eût commandé à la Musique d'assembler sous la conduite de Lulli un Chœur magnifique des plus belles voix du monde, pour chanter autour de son Char les Vers que je vais vous dire.

※

Qu'à jamais la beauté, l'esprit & le sçavoir,
　A l'envi regnent chez les Dames,
　　Que toûjours nous voyons leurs ames
Soumises aux Loix du devoir.

{◆}

O vous qui poßediez cent talens pleins de luftre,
  Qui vont briller dans tout le jour,
Des traits empoifonnez d'une Satire ruftre,
  Triomphez, Heroïne illuftre,
  Triomphez dans ce beau fejour.
A la gloire du Sexe on verra les mortelles,
  Toûjours aimables, toûjours belles,
  Toûjours dignes d'un pur amour,
Et malgré D...... toûjours fp'r'tuelles.

{◆}

En vain fon efprit dur, fatirique, malin,
Sur ce Sexe chéri verfe un affreux venin,
En vain d'un Vers fanglant il le choque, il le
  bleffe,
  Si le Héros, fi le Sçavant,
  A du bon goût & de la politeffe,
  Il ne le doit qu'à la délicateffe
   De ce Sexe charmant.
  Du commerce de *Des-Houliere!*,
   Plein d'enjoûment,
  Plein de fageffe & d'agrément,
Que d'efprits ont reçû leurs plus vives lumieres!

{◆}

Vous dont on voit les cœurs défolez, abatus,
Doux objets qui pleurez pour la perte funefte
De celle qui rendroit vôtre Ennemi confus;
  Confolez-vous, il vous en refte
Qui fçauront contre luy défendre vos vertus.

C'est en vain contre vous qu'il se déchaîne &
  gronde,
Sexe, du genre humain la plus belle moitié ;
   Sa Piece que par tout on fronde,
   Fait moins de mal que de pitié,
   Et malgré son inimitié
Vos attraits dureront tout autant que le Monde.

Ces Chants achevez à la gloire d'un Sexe qui
ne peut être haï que des Pedans ; le Parnasse en
corps mit *Des-Houlieres* en possession de l'Immortalité. Vous me voyez encore, ajoûta la
Muse, dans ma parure de ceremonie, & je suis
venuë pour vous en faire un récit, qui je
croi, ne vous déplaira pas.

Uranie cessa de parler dans cet endroit, & dis-
parut. Et j'ai cru, illustre Scuderi, que je de-
vois aussi-tôt vous faire part de cette nouvelle,
qui sans doute vous fera quelque plaisir.

Si je ne vous ay point fait cette Relation
dans les expressions dont la Muse s'est servie ;
c'est que les Divinitez parlent avec tant de ra-
pidité qu'il est impossible aux Mortels de retenir leurs discours mot à mot ; tout ce qu'ils
peuvent faire c'est d'en retenir le sens, & je vous
assure qu'à cet égard ma memoire est tres-fi-
delle.

F I N.